突破框架，你的內在無限大

挖掘底層自我，從內心探尋人生的答案

心理學碩士、哲學博士
張沛超——著

目錄

第四章

自由：為人生做減法，撕掉不適合自己的標籤

第五章　新生：勇敢面對真我，成就更強大的自己

結語　先「知己」而後求「自在」

作者序

向內，遇見無窮大的你

「知己」是一個很美好的詞。

唐詩中有很多與知己有關的詩句，比如「海內存知己，天涯若比鄰」「莫愁前路無知己，天下誰人不識君」。這些詩句裡的「知己」，描述的是一種彼此懂得、心靈相通的朋友關係。擁有這樣的朋友當然是人生幸事，但想求得這樣的朋友其實很難。因為能不能成為知己是由兩個人共同決定的，一個人即使再努力也不能左右這件事。

「知己」還有一層意思是瞭解自己，也就是「知己知彼」「知人易，知己難」中的那種「知己」。本書探討的正是這個意義上的知己，它既包括看清自己的本心，也包括瞭解自己的精神需求。

如果說和自己心有靈犀、足以成為「知己」的朋友可遇不可求，那麼瞭解自己，成為自己的知己，理論上來說好像更簡單一些。

哲學家蘇格拉底曾說：「未經審視的人生是不值得過的。」同時，關於「知己」還有一句名言——「認識你自己」。這句話被刻在希臘的德爾菲神殿裡，因為在古希臘時代，認識自己是一種很崇高的美德；而我們的文化向來也非常講求自省。因此，想習得其他美德或技能，最好都從瞭解自己開始。

不被承認的情緒會窄化人生

我們常常會忽視司空見慣的事物。比如，你的四肢都很健全，你可能就不會一直都注意到它們。但如果在地上蹲久了，突然站起來時腿有點麻，你馬上就會強烈地感覺到「我有隻腳麻掉了」。所以，我們通常都是在覺得身體哪裡有點不舒服後，才會特別注意到這些部位。

不僅對身體，我們對於自己在其他方面的認識也是如此。如果生活過得非常順利，我們可能完全無法意識到自己的內在，因為我們無須耗費精力一直思考自己。

所以，如果你翻開了這本書，我想你可能在生活中，尤其在人際關係方面，遇到了一些困擾。人際關係是指人們在交往中，在心理上的直接關係和距離。我們通常認為人際關係是一個人在家庭之外和其他人構建關係，其實人際關係也包括一個人在家庭中和其他家庭成員的關係，而且家庭中人際關係的情況也常會投射到家庭以外的人際關係中。

人際關係方面的麻煩往往會讓我們出現焦慮、憂鬱、悲傷、憤怒等負面情緒。當強烈的情緒出現時，我們內心其實會出現一連串的OS，比如：「我才不是這樣」「天哪！快把它趕走」「我不想再想這個」等。所以，當心裡產生強烈的情緒時，我們內心不僅不想成為它（情緒）的知己，更期待它立即從我們的世界消失。但這樣一來，我們的內心就縮小了。如果我們的內心無法容納情緒時，也會無法接受這個世界。

如果你經常有人際關係、情緒方面的困擾，就要留意自己在處理人際關係以及調節自身的情緒方面，是否缺乏正確的應對之道。這些缺乏的不足之處，往往源於我們並沒有覺察到的某種想法，它們像我們大腦中的程式一樣，會發出特定的指令，讓我們一直以同樣的反應面對某種狀況，並一而再、再而三地陷入同樣的麻煩。

然而，麻煩不全然只有壞處，當下我們當然想要擺脫。但從好的方面來看，它也有積極的意義。或許一再重複出現的麻煩，恰恰是逼迫我們更瞭解自己的契機。

慣性行為讓人獲利還是得弊？

如果一個人總是會出現某種行為，例如經常破壞親密關係、愛玩手機、習慣對親近的人發怒，或無法戒掉在家裡囤積東西……等，他重複做的這件事對他一定是有好處的。因為這樣做能幫助他逃離或躲避一些外在或內在的不利情境。

逃離不利情境其實就是某種獲益，所以如果一個人總是做什麼，那麼他在這件事中一定是有所收穫的，但這個收穫究竟何在，又如何呈現，或許他自己也不知道，也因此無法看出自己的收穫是不是正向的。但當他想要向外界諮詢或求助時，我們幾乎可以斷定，他的收穫一定不是正向的。他可能因為這種行為吃了虧、受過傷，把自己的路越走越窄了，覺得自己難以承受這種辛苦，所以才會向外界求援。

對於這類問題，我絕大多數都是建議他要更深入瞭解自己的體系，才能放下那些該放下的東西，做那些該做的事情。

人最深處的本質，其實都想成全自己，實現自我。但由於他不夠瞭解自己，所以他內在不同的部分總是在打架。這個「架」發生在暗處，雖然他自己並未發現，但其實這消耗了他非常多的能量。如果生命能量都消耗在「內鬥」上，那你能剩多少精力「開疆拓土」，讓自己擁有一個既自由又富有創造性的人生呢？

所以，在瞭解自己方面的投資無論多少都不為過。

找到獨特的自己

因為受職業影響，也為了能對別人更清楚說明，我需要深入觀察人們，瞭解人性深處的東西。這種觀察過程其實也是一個不斷自我覺察的過程。

我在往內探索的過程中發現，我們的自我實在是太奇妙了，我們對「自我本質」實在是太陌生了，自我的範圍也實在是太大了，同時也是很神聖的。

有句話叫作「莫往外求」。言外之意就是我們需要向內求。求些什麼？哲學家會說，要求得有關你自身的知識。有關自身的知識並不容易獲得，因為很多有關自身的知識都不夠真實，那些多半是別人的模樣或刻意展現給你的假象。

所以，想真正地觀察自我，一定要誠意正心——我不是要偽裝成什麼樣子給別人看，也不是要做什麼作業，更不是要在朋友圈中打卡，而是真的想幫助自己，我真心想成為自己的知己，想與自己建立親密關係，想向內尋找一個能讓我獲得圓滿人生的答案；我真的想成就自己，看到無限的可能。

當我想成就別人時，我不是想藉由犧牲自己成就別人，而是希望自己和別人就像兩朵花一樣，都能夠盛開。

我很喜歡「花」這個比喻，所以，本書通篇貫穿著有關花的比喻。有一種經常聽到的說法是，我們的心就像一顆洋蔥，剝到最後什麼都沒有，而且你還會流很多眼淚。但我不太喜歡這種說法。

我們要相信自己的內心就像花一樣，每一層都有它的結構、顏色和用途。而且花和洋蔥不一樣，花是有「心」的，這個心有特別大的用處，擁有含苞待放的生機，會結出果實，不負盛開。

我希望我能為大家提供一本有料、有用、有趣、有型的書。有料，我會很用心提供真實的內容；有用，這個仁者見仁，目前只是我的願望，但我認為這本書對讀者來說是有些用處的；有趣，我希望它是讓人覺得有意思、發人深省的；有型，我希望它是獨特的，每一朵花都有自己的芬芳，我們不需要和別人一樣。

這本書的內容沒有沿襲現有的任何體系，我希望它能成為一個獨特的存在，也希望大家能夠藉由這本書找到獨特的自己，成就繁盛如花的人生。

第一章

從容：摘下人際面具，突破關係束縛

當你陷入煩惱時，若這個煩惱有解藥，那唯一的解藥便是：不斷認識你自己。

認識自己的方式有很多種，觀察自己結交的是哪些類型的朋友，以及自己與他人相處的模式，即人際關係，就是很好的途徑。

本章將會探索以下幾個問題：自己與他人的關係是「充電」還是「耗電」；為什麼有些關係即使處於耗電狀態，我們依舊身陷其中；我們在關係中有多少人格面具；我們花了多少精力維護面子；我們對別人的態度是親近、迴避還是對抗；我們是否能夠處理好人際關係的界線等。這些探索可以幫我們看清楚自身人格中的一些特質，如性格、習慣、信念及人際關係中存在的問題或隱憂。

你以為的你，是真正的自己嗎？

「捫心自問」好像是個情感色彩過於強烈的詞。我完全不想過於咄咄逼人，但我覺得「你真的瞭解自己嗎」這個問題應該開宗明義地指出來，因為這是個很基本的問題。我們可能以為自己會比較瞭解自己，但其實這種想法有個很大的錯誤，因為我們對自己的瞭解是以一些外在的規則、流行的東西作為參照。

在這裡舉一個我自身的例子。

我在青少年時期剛剛知道星座理論[1]時，對照自己的生日一查，得知自己是巨蟹座，但我向來是按照農曆過生日，而星座是根據陽曆生日推算的，所以查到的星座並不正確。然而當時網路還不普及，我對星座的知識也大多來自書籍，在這樣瞭解了一些巨蟹座的人格特質後，我有些疑惑，我的性格好像和書上所描述的巨蟹座有所不同，但我認為這一定是我的錯，我應該活得更像巨蟹座一些。然後在不知不覺間，我好像真的變得有些像巨蟹座了。

後來我讀大學時，星座蔚為流行，那時我才知道自己其實是獅子座，仔細想想，自己本性真的更像獅子座。後來再瞭解得更深入後，我發現星座理論其實很複雜，要想成為完全符合某個星座性格的人是很困難的。

自我誤診的認知陷阱

舉這個例子是想引出自我認知的第一個錯誤觀念——我們在瞭解自己時通常會不經意套用某些外在框架，而且這些框架並不一定科學，或適合自己。在「民俗心理學」中，星座、生肖和血型構成了一個三維度的體系，每個人在這個體系中都有自己的定位，可以據此瞭解自己應該具備怎樣的特質。

但對認識自我來說，即便是科學的人格測量也同樣屬於外在框架——當我們讀到

1　星座占卜等並無科學依據，此處舉例僅為說明外在框架對人的影響。

某篇文章用一個比較抽象的概念描述某一類人時，會很自然將這個概念套用在自己身上。如果相似的部分比較多，我們的行為甚至思維可能還會不由自主地朝著符合那些描述的方向改變，這在心理學上被稱為「常模」[2]。我們甚至希望自己能盡量活得像那類人之中的典型，這樣我們內心會產生一種安全感，感覺自己似乎真的處於一個很穩固的框架內。

在實際的治療中，我會遇到一些來訪者，他們在看了幾本與心理學相關的書籍後就開始為自己貼標籤：「我是邊緣型人格障礙[3]，很多特徵我都有。」

相較於原來對自己一無所知的狀態，這類人的進步在於他試圖開始瞭解自己了。不過，他在瞭解自己時借助了一種外在標準，把書籍或診斷系統裡設定的形象當作真實的自己，產生了「原來我根本不認識自己，我對自己的認識是錯誤的，我現在終於明白是怎麼回事了。」的想法，這種想法好像一下子治好了他因為對自己一無所知而產生的恐懼——「我終於獲得了一個定位、一種診斷」。

於是，他順理成章地把這個診斷當真，此後好像活出了不一樣的人生。他甚至從一些做事不計後果的人身上獲得勇氣：「我好像還是有點瞻前顧後，這樣是不對的。

我已經找到了真實的自我，我應該活出真正而完整的自己。」

這種想法其實會帶給他很多麻煩。原來他可能生活在父母的某種標籤、某種認定下，比如我的一些來訪者從小就被父親說醜，或被母親說笨，這其實也是一種「診斷」。但他長年都把父母給他的「診斷」奉為圭臬，從不質疑真偽。

不幸的是，當現在的那個他，某一天終於從這個陰影中掙脫、拋開錯誤的「診斷」時，他卻會馬上全心全意投入另一個錯誤的「診斷」，好像一個無比真實的自己已經在那裡等他很久了，然後又把那個新的「診斷」當成真實的自己。但實際上，那很可能是另一個麻煩的開始，或許他會打亂自己之前的生活節奏，拋棄之前擁有的真實，可能又活出了另一個不真實的自己。

---

2 具有代表性的樣本團體，在測驗上獲得分數的分布，也可簡單解釋為「標準化」。

3 常見的人格障礙，症狀包含情緒強烈多變、具有人際關係困擾、個性衝動等。

遺忘初心，就會失去自我

認識自己、做自己的知己是件非常困難，並且需要付出大量時間、精力、決斷和勇氣的事情。

我們的內心就像花朵，除了美麗的花瓣，還有承托花瓣的花莖和花萼，孕育生命的花蕊和子房。不同的花卉，它們的大小、形狀、顏色又各不相同，如果想正確認識一朵花並瞭解它的構造，就需要我們靜下心來，用特殊的顯微鏡和鑷子，一點一點地仔細觀察和剖析它。

認識自我就如同尋找「花心」，需要付出足夠的耐心才能完成。我們不要在對自己剛有一點認識時，就覺得自己已經獲得真理。要帶有探索未知的初心，有意識地問自己：「我的夢想還在不在？我是不是覺得對自己的認識已經達到準確無誤的程度？」我們先用這種方式埋下這顆初心的種子，並在接下來的閱讀過程中隨時為它澆水灌溉。

另外還有很重要的一點，就是不要「抄別人的作業」。如果你覺得有一個人活得很真實自在，你希望能像對方一樣，於是全然模仿對方的生活方式、動作神態等，甚至不惜違背自己的意願，刻意改變性格，那麼暫且不論你在對方身上看到的那個「真我」是不是真實的，先仔細思考：完全將自己全然複製成另外一個人真的好嗎？世界上沒有兩朵一模一樣的花，和真花看起來一樣的花朵就只是複製品，或塑膠花。我們要避免活成假花。

或許你在讀完這本書後，會覺得我說的這個體系存在對理想人格的某種規範，有關自己的知識都是屬於同一個系統，圓滿人生只有一種實現方法，生命之花只有一種綻放方式，結的果實最後也是相同的。但千萬不要這麼想，這是我最不樂見，也是我想盡力避免的。

我希望你能把有關自身的疑問，以及伴隨疑問而看到的初心，始終放在重要的位置，並時常問自己：我真的瞭解自己了嗎？

我自己也在做精神分析性的心理治療，所以可以接受對自我進行分析這件事。我已經做了超過十年的精神分析，這些分析都是透過英文進行的，在過了很長的一段時間後，我突然發現，那個接受分析的人格，是一個說英文的張沛超，而那個說中文的張沛超，可能躲在內心「垂簾聽政」，只是偶爾插一下話。所以我們即使在進行專業而長久的自我剖析時，得到的也很可能只是一部分臨時的人格。但臨時性的人格並不代表沒有價值，相反地，我相信它會指引我不斷走向內心深處，對自我逐漸有一定的接納。

某一年，我專門回老家拜訪那些在我小時候照顧過我的人、教導過我的老師和我童年的玩伴，我想得知當時他們對我的印象如何。這個調查的結果帶給我非常大的震撼，甚至很大程度上動搖了我透過多年專業而系統的探索才形成的自我印象。

做自己的知己，需要我們設定一個終身的目標。我無法保證實現這個目標的過程會有多麼輕鬆或美妙。我想說的是，當你在這個過程中陷入煩惱時，若這個煩惱有唯一的解藥，那只能是不斷認識你自己。就算還有其他的途徑，也只是這味解藥的藥引子罷了。

從他人身上勾勒出自己的輪廓

外在世界就是你內心的反射。要認識自己有一種非常簡單的辦法，就是從他人的角度勾勒出自己的輪廓。

「物以類聚，人以群分」，這句話是非常有道理的。在「類聚」中，我們知彼就能知己，所以此時我們看別人，就更容易看清楚自己。我們的眼睛看不到自己，只能看到自身之外的事物。想要進行有系統的內省並不容易，但在看別人時，我們可能都是專家。

自我探索的工具：人際同心圓

我們可以在紙上畫個同心圓，把與自己關係最密切的人的名字寫在最裡面的圓圈內；然後把和自己的關係雖然很親近，但跟第一個核心圈相比感覺又稍遠一點的人名，寫在第二個圓圈裡。以此類推，依你的感覺與對方關係的親疏遠近，由內往外畫圓，並寫上那些人的名字。

我們在寫名字時，很容易想起和我們關係良好的人。對於那些和我們的關係沒那麼好的人，可能就不太願意寫他們。這裡所說的「沒那麼好」，有時在某種程度上是指一種愛恨交織的感覺，它比純粹不好的感覺更複雜。

希望你能克服一下內心掙扎，還是把他們的名字寫在上面。等你把這個人際關係同心圓中的所有人名都寫好後，就可以看出這些人和你自我認知的關係了。

你可能會想：「我很討厭某個和我關係密切的人，我和他在各方面都沒有共同點，為什麼還要把他放在我認識自己的範圍內？」在這裡我解答一下大家這個疑惑。

假設有個和我們關係非常密切的人，他身上的某些特點、喜好，或是性格都和我們格格不入，甚至完全相反——他愛喝熱飲，我們愛喝冷飲；他喜歡吃鹹的，我們喜歡吃甜的……總之，我們和對方在很多方面都截然不同，為何還要考慮和他的關係？其實，你們的不同之處越多，彼此的關聯性可能就越密切；你不喜歡對方的那些方面，你身上大概都有，不信的話，你可以問一問你們都熟悉的人，看看他們是不是也這樣認為。

最常見的例子就是在親子之間。許多人總說討厭父母的一些想法和習慣，不想成為和他們一樣的人，但這些人長大後卻在不知不覺中複製了父母的人生，變成父母的翻版。不要忽略我們不想認同的人的力量。

所以，我們可以從他人身上發現自己的模樣，不論是親密關係、單向關係，或是和你有愛恨交織的人，都能找到自己的特質。

偶像是經過加工後的完美形象

也許有些人會好奇：我在同心圓裡不僅寫了家人，還寫了我的偶像，可是我和偶像之間只有單向的關係，我對他瞭若指掌，但他對我卻一無所知。這樣的人可以寫在裡面嗎？答案是肯定的，一樣可以寫進去。

雖然你與偶像沒有互動，但如果你們之間的關係在你心裡有著很強的連結，也說明你非常認同他。一般來說，青少年都會產生對偶像的認同，這種認同甚至會達到迷戀的程度，希望自己在各方面都跟偶像一模一樣。一個人所崇拜偶像的特質，也會融入於自身的人格結構中。

為什麼同儕間會有共同話題呢？因為雖然他們的父母完全不一樣，彼此的親友也沒有任何交集，但如果他們曾經崇拜相同的偶像，也就像是在同一個象徵性的家庭中有了親緣關係，這些人會透過對同一個偶像的認同，獲得一些相同的特質。直到多年後，他們才會發現那時所崇拜的偶像，在自身融入了當年自己需要的一些東西。

我們對別人的印象，其實經過了自己主觀的需求或是欲望的轉化。如果你特別需要某種特質，但你父母身上缺乏這種特質，你自然會向外界尋找。即使找到的那個人身上只有一點點符合你的期望，我們的內心也不會「容許」對方只是略微相似，而會在心裡不斷為對方「加工」，最終使他變成我們心所嚮往的那個完美對象。

我們的家人和偶像身上其實都有一些特質會被我們這樣轉化吸收。如果這些特質是我們欣賞的，就會被正向吸收；如果是我們討厭的，也可能會被反向吸收。自我就是透過這種方式運作的。

同溫層的認知偏誤

現在，大家可以做個實驗。如果讓你從他人身上尋找自己的特質，你第一個想到的人是誰？姑且不考慮你對這個人有怎樣的情感，我們先自問，你從這個人身上發現了自己的什麼特質。大部分人第一個會想到自己的父母，所以認識自己的第一步，可以從看一看你的父母是什麼樣子開始。

任何人想和父母毫無相像之處是不可能的。比如你覺得父母的養生方式很荒唐，但或許你喜歡的是另外一種形式的「養生」，你注重健康的荒謬程度和父母也不相上下，只不過他們和其他父母在同一個族群裡，大家彼此催眠、相互肯定，都覺得自己的養生方法是世界上最正確的；而我們則在朋友圈裡相互催眠、彼此影響。可能在我們所處群體中被認為無比正確的觀點，將來在我們的孩子長大後看來，也會覺得十分可笑。

我們要對每一個被寫在同心圓裡的人做這個實驗，並準備好可能面對的情緒衝擊。發現自我、做自己的知己沒那麼容易，不過面對實驗帶來的精神痛苦時，如果你事先有心理準備，可能會輕鬆一點。

大家在做這個實驗時，可以在同心圓裡每天只填一個人，想想自己和對方有哪些地方相似，又有哪些地方完全相反，並將之一一列出。即使與自己完全相反的特質，也仍是一種深刻的認同，而且通常這種特質可能與你意識層面所認知的完全不同，但你的無意識卻照單全收；也可能你對待別人完全不具備這種特質，但對自己時，卻與對方令你討厭的方式一模一樣。

比如，你的父母非常吝嗇，你完全不想和他們一樣，所以你對朋友特別大方，所有人都稱讚你，說你和你父母簡直有如天壤之別。但這時你要仔細想想，有可能你對自己並不慷慨，甚至比父母對人還要吝嗇。因為整體而言，我們的自我系統有一種守恆的法則，如果你想補西牆，就一定要把東牆拆了才行，所以有可能我們對自己苛刻與小氣的程度已經遠超過父母。

做這個實驗可能會讓我們對自己原來的認識逐漸崩塌。如果你在過程中感覺有些不舒服，就不要強迫自己了。自我接納需要經歷漫長的學習過程，因為你已經習慣了多年的思考與行為模式，不可能在短時間內就被瓦解。

充電型VS.耗電型的人際關係

我們無法脫離自身所擁有的關係去瞭解自己，認清關係中的自我，是我們瞭解自己的基礎。而人和人之間的關係又可分為充電型與耗電型。這個比喻具有一定的共通性，在這篇文章我就以此為例，分析不同的關係類型。

充電型和耗電型關係會同時存在

如果一個人從出生至今從未獲得任何正向的東西，是不可能生存下去的，所以任何人的關係體系中一定都會有充電型的關係。

什麼叫充電？這個比喻源於我們的體驗。我們在和某些人交往時，會感覺自己好像變得更有能量、更自信、更勇敢、更果斷、更生動、更有生命力、更能夠面對自己、更願意主動探索世界，感到更自在、更安全。這種關係就像是為自己充電一樣，只要連結到這個「無線充電器」，我們的電量就能從一格充到兩格，到滿格。

相信大家都希望自己的人際關係全都是充電型。這樣持續充下去，我想每個人最後一定都能變成「超人」。

耗電型關係在各方面都與充電型關係相反，會讓我們覺得情緒很糟，自己很差勁，失去了能量，如同手機電量一點點地下降。我們不信任自己，也不信任這個世界。光是說著這樣的負面話語，我們就會感覺自己宛如洩了氣的皮球，逐漸變癟了。

你的生活中應該都同時存在這兩種關係，只是不一定如上述所說的這麼典型。你可以看一看，自己和誰在一起時是充電，和誰在一起時總是在耗電，然後你還可以思考自己目前的電量還剩多少。

事實上，純粹的充電型關係或耗電型關係幾乎不存在，絕大多數的關係都同時存在充電和耗電狀態，只是程度不同。

母親是充電器，但也需要強大電源補充能量

接下來講講「充」、「耗」皆有的關係。

充電和耗電皆有的關係原型來自依戀關係。依據一個人與重要他人透過親密互動而形成持久、強烈的情感連結，可以大致把依戀關係分為「安全型依戀」和「不安全型依戀」。

處在一個真正的安全型依戀中，就像是在連結一個性能可靠、功率穩定的充電器，這時你的人生會從一個很小的花苞，慢慢成長為含苞待放的花朵。安全型依戀一定是能夠充電的關係，否則這個安全就是虛假的。

一般來說，我們的第一撫養者，通常是我們的母親，就是我們的第一個充電型關係。

母親與我們進行的連結不僅包括生理層面，更包括精神層面。每個母親都想生下自己的孩子，她的精神世界對這個孩子有渴望、有期待，希望這個孩子能帶來某些好的東西。因為孩子被寄予了期盼，所以孩子在母親腹中時就已經開始接受來自母親的

充電了。被寄予希望的孩子和不被寄予希望的孩子在童年時期的體驗完全不一樣，大家可以回想與感受一下自己的童年關係是充電型還是耗電型。

這樣的關係原型顯示，如果我們從誕生開始就能被很好地充電，不僅能讓我們從一「出廠」就已被充上足夠的電量，還會讓我們相信自己這顆電池還不錯，能充進電量；也會讓我們因為這世上存在可以為自己充電的電源而覺得安心。如果你一開始獲得的充電型關係，以及在關係裡的充電體驗很不錯，你的內心深處就會相信這個世界是充滿能量的。

相反地，有的孩子從一出生就被母親反向充電。如果母親的能量較低，表現出明顯或是潛藏的憂鬱狀態，那麼她就會吸收這個孩子的電量，例如對孩子動不動就發脾氣，或不斷抱怨、訴苦，讓孩子處於不安或焦慮的狀態，承受許多負能量。

你可以想像，這兩種截然相反的情況，在個人形成信念、發展個性時造成的影響會有多麼大的不同。

我在這裡把孩子可以從外界得到的電源簡化為母親這一個方面。實際上母親也需要從她的家庭系統中充電，這種電源或許來自自己的母親，又或是來自另一半。如果一個母親在自己的家庭中無電可充，又如何能為她的孩子充電呢？所以即使我簡化了模式，大家也應該能舉一反三，知道一個充電器背後需要更大的電源。

大多數關係都既充電又耗電，因為我們的撫養者並不是完美的人，像聖母一般的母親，恐怕只能存在於神話或宗教傳說裡。

影響一個人能量高低的因素實在太多了，所以即使理論上作為孩子充電者的母親，在某些時候也需要從孩子身上吸收一些電量，這其實是人類天性的一部分。

關係就是一種能量的交換，一旦我們的能量輸出和輸入失衡了，我們自然就會想遠離能量吸血鬼，與完全耗電型的人設立界限，進行切割。即使是親子關係也是如此。

從人際關係認識自己

我們在認識自己時，很容易借助一些外在的規則，但這些規則其實並不適用於我們的經驗；我們也會借助很多規則去感知他人，但這些規則可能干擾，甚至禁錮了我們最真實的經驗。

如果接收到與這種單一規則相違背的經驗時，我們會加以壓抑，或把它投射出去，認為「我才不是這樣」「這個不是我」或「這個是屬於外界的，屬於他人的，和我沒有關係」，這樣的反應其實增加了我們探索自己的難度。

而且我們也不能輕易就判定自己和某個人的關係一定是屬於充電型或耗電型，因為每個人都是一個複雜的世界，不同時期的人帶給我們的體驗和感受也會不同，所以我們不要果斷地認為對方是完全給予或消耗我們的能量。如果這些觀念能讓你深入思考，那應該是能幫助你探索一些混沌不清的經驗，而不是讓你迅速得出某個結論。

為什麼我們難以離開某些關係？

我們並非孤零零地生活在世界上，而是處於各種關係中，不瞭解這些關係，就無法真正地「知己」。

在這篇文章中，我要介紹一個概念——配重理論，這是理解人際關係的一把鑰匙。

所謂的「配重」，就是為了讓自己的生命能量處於一個相對平衡和穩定的狀態而做出的調整。這種調整可以是對自身，也可以是透過與他人的關係加以維繫。就像一個天平，一邊重了，另一邊也必須放上相對重量的東西，才能保持平衡。

解讀「配重理論」

家庭裡其實就擁有非常複雜的配重體系。我們在成長時形成的人格與特性，都會在家庭維持穩定的過程中，擔負起一定的配重任務。例如一個人特別外向，這種外向可能是對家庭一致性的配重，也就是全家人都是外向性格，所以為了更能適應家庭環境，他也會逐漸形成外向的個性。

但從另一方面來看，這也可能是互補性的配重。意即家庭成員都比較內斂，為了避免過於內向帶來的缺點，因此他發展出非常外向的性格，藉此平衡家庭內部在性格上過於偏向低調、安靜的不協調。

正是這樣的配重，使我們至少在心理層面上是很難離開家庭系統的，因為一個體系在運行得比較平衡後，就會成為生命體，在這個體系中的每個成員，也都會被固定在他們相應的位置上，猶如天平上的砝碼，透過不斷自我調節讓天平能獲得平衡。如果家庭或家族一開始就出現一些問題，這些問題就會造成某種不平衡。

假設一個家族中有個孩子不幸去世了，那麼之後出生的孩子就會背負起逝去的哥哥或姐姐的重量。

因為父母已經不小心失去了一個孩子，如果再失去一個孩子對他們而言是很難接受的，所以父母在心裡會有一定的壓力。如果母親懷了第二個孩子，這個孩子在還未出生前，就已經有了父母給他的配重，需要填補父母的某種內疚，或做出一種補償。

在這樣的配重之下，父母可能會對他有過多的保護。如果這對父母的第一個孩子是在馬路上不小心因車禍而去世，他們就會把自身對於馬路的恐懼配重傳遞給第二個孩子。馬路的確存在造成意外的風險，但父母可能會由於內心的恐懼，把馬路說得像地獄般恐怖。孩子在完全不知道這個故事的原由，也不理解一開始的體系失衡是如何發生的情況下，可能會以某種異於常理的心理或行為，來承載和回應來自父母的這種恐懼配重。

如果任其發展下去，這個孩子長大後，可能會在生命中的某個階段突然對馬路產生恐懼，導致他不敢過馬路；或發展出一種更為抽象的「馬路恐懼症」：只要他快要被升遷，馬上就會有很好的發展時，他內心的恐懼就會甦醒。此時的場景就好像他正站在馬路上，四周全是洶湧的人流或車流，這會讓他變得恐懼，繼而反映在一些行為上，而造成這些行為的原因，就是他承擔了哥哥或姐姐的死所造成的家庭配重。

如果他要尋找另一半，他可能會挑一個和他一樣，無論是恐懼現實的馬路，還是恐懼抽象的馬路的人；或找一個跟他完全相反、完全沒注意紅綠燈就直接過馬路；又或是會選擇一個特別愛刺激和冒險的人。

這其實就是他在配重內心深處那些沒有充分被他表達的自我。當然，即使他進行了這樣的配重，這個配重體系仍然不一定平衡。當年是他的父母擔心他遭遇不測，現在如果他在自己的家庭延續這個配重體系，他對伴侶也可能會有類似的擔心。就這樣一環扣一環，如果有新成員進入這個家族系統中，依舊會被配重。

以上這些都還是最簡單的模型與假設，並沒有將女方的家族背景納入其中。

如果想理解個人的行為，你不能期望這個人在任何情況下的表現都是連貫的、一致的。他的表現並非全然被他的意識層面所影響和決定，同時也會和其他人的無意識、家庭的無意識、家族的無意識，乃至社會的無意識等諸多因素有關。

從配重審視你的行為

如果透過這種配重模式觀察一個人的病態行為，會發現其實一個人的行為也在進行配重。

例如有個小孩非常討厭上學，甚至到了非得休學的地步，這種情況在經驗豐富的心理師看來，這個厭學的孩子想留在家裡，除了對學習沒興趣之外，還有可能是為了要保護家庭。因為如果他繼續上學，他的家庭很可能因為某個家庭成員過於強勢或弱勢，失去平衡，而走向破碎。

其實每一個人在孩提時期，或多或少都會擔心自己的家庭破裂，比較極端的孩子會覺得自己必須做出一些行為，而且行為要夠強烈、有戲劇性，才能吸引所有人的注意，最終讓他能如願從學校學生的角色，變成回到家裡守護家庭的角色。這種行為其實就是在為家庭的危機、為失衡的家庭配重體系進行配重。

這種情況就像堆疊鵝卵石時，先在最下面放一顆小小的鵝卵石，在它上面放一個稍微大一點的，更上面再放更大一點的。當我們放了許多鵝卵石，這個結構達到一個非常完美的配重體系時，各個組成部分之間會達到一種看起來不可思議的平衡。但如果貿然拿走其中一塊，它一下子就崩塌了。

很多人的家庭或其內心世界都存在這種很剛性的平衡，也就是最弱小的位於最下層，往上逐漸疊加更多人的努力，努力上面又有努力，但這種平衡很有可能因為一次細小的變故而完全坍塌。

我們的內心世界會始終保持一定的平衡——我們的意識在為無意識配重，我們顯性的人格在為隱性的人格配重。從親子關係、伴侶關係到更複雜的家庭、家族關係，到企業裡的人際關係，再到社會上抽象的人際關係，這些關係其實都處於這種動態平衡的配重系統中。

如果我們能有這樣的認知，再來審視自己的行為，相信一定能獲得更豐富的感受。

戴上面具，不代表不能做真實的自己

很多時候，我們在生活中必須戴上隱形的面具，遮掩真實的面貌。因為我們在生活中所面對的社交情境並非一成不變，而不同的社交情境對人們的表現會有不同的要求，所以從適應社會的角度而言，戴上人格面具很多時候是必要，甚至也有積極的意義。

錯把面具當成真實自我

我們的人格本來就不具備跨情境的統一性，也就是說，一個人在環境A中會有適合環境A的表現，到了環境B中又會有適合環境B的表現。這種在不同環境會產生不同表現，就是戴上「人格面具」的結果。

心理學家榮格對面具研究得很深入。他認為，面具並不全然是貶義，社會面具的意義是為了適應各式各樣的場合，但並非絕對地隱藏自我。比如有些工作會要求人們戴上職業性的面具，像是老師就要有當老師的「樣子」，要戴上符合老師角色的面具。他們每天在上班時，言談舉止都要恪守符合老師的標準；或用表演理論來說，他們就是在表演一個老師該有的樣子，此處的「表演」是沒有貶義的。

可是，當他們回到家裡，如果還是繼續戴著這個面具面對自己的孩子，那麼孩子在一開始可能會非常不適應，但時間久了也會習慣，因為孩子會與父母的面具配重，扮演起學生的角色。而學生可分為好學生和壞學生，如果父母回到家後讓孩子覺得是個好老師，有些孩子就會以好學生的方式，和好老師的面具達成一致性；如果父母讓孩子覺得是個壞老師，孩子則會相應發展出一種「對待壞老師，我幹麼要做好學生呢？所以我也只能戴上壞學生的面具。」的想法。所以你可以想像，在家庭的這個劇場裡，也會上演「好老師和好學生、壞老師和壞學生」的戲碼。

但好老師的面具可能會太過壓抑這個人的本性。如果外界過度認同這樣的面具人格，這個人本性中的某些部分可能就會躲到人格的陰影裡，或許他自己無法意識到這件事，但身邊的人能感受到某種變化，因為這些人知道面具後的他本來的樣子。

人格面具產生的陰影，就是不停消耗真正的自己

戴面具並不可怕，可怕的是戴久了，會忘記自己還戴著它。如果我們戴的時間過長，而這個面具被對應的環境過分地、苛刻地要求，它就會侵蝕甚至置換真實的自我，使我們人格的自由度下降。為了戴好這個面具，我們就容易進入面具的劇本去演繹自己的生活，這樣，人生中百分之九十的能量都會消耗在上面。

想讓自己的人生舞臺變得更寬廣，我們需要有很多自由的能量，就像需要根據舞台變換狀態、變化角色一樣，我們會有喜怒哀樂不同的情緒。所以你會發現，一些人在逐漸適應一定的社會角色後，他平靜的生活會突然發生巨變。毫無緣由地，他的工作就是做不下去了，或是做出一些會破壞自己面具的行為。這似乎很奇怪，他的工作做得很好，在家庭中也盡職盡責。那究竟是為什麼呢？其實這就代表面具吸收了他過多的能量。我們人格面具的陰影部分，就是不好狀態裡負面情緒需要釋放的時候。

人格具有智慧，它希望我們的路越走越寬、劇場越來越大。一旦它發現你把路走

得越來越窄，「戲路」越來越單一，就可能會破壞這種窄化和單一。這些破壞會為人生帶來危機，此時你就會亟欲揭下面具。

所以，當面具逐漸從自己非常認同的一部分，變成不再認同，甚至排斥和憎恨的一部分時，你要留意，這是不是一種你想重新審視自己，逃離越來越刻板而狹隘的劇場時需要進行的挑戰呢？

人格面具具有「社會化」的積極意義

那麼，我們該如何看待日常生活中的角色行為呢？

從積極的角度來說，每個場合都需要我們以相應的角色來融入與合作。我們不會用同一種姿態面對處於不同關係的人，而會根據不同情境轉換自己的角色，只表現出適合情境的那個部分。

因此如果我們想在社會中立足，就會逐漸變得社會化。社會化並非要我們一定得扭曲人性，迷失自己，更不代表如果我們想找到真我，就一定要遠離群體。事實上，社會化就是我們逐漸發展出各種面具的過程，而這些面具可以適應各種場合。

當我們戴上一種新的面具時，它一開始的確不是我們的一部分，我們也會不太適應它的存在。但隨著我們逐漸能夠代入角色、適應角色，這個面具就被納入我們的人格體系，我們有了一個又一個能夠演戲的舞台。認清人格面具，就能加持我們人生的寬度和深度。

每一個新的面具都代表一種新的可能，可以探索未知的自己。當我們能與面具融為一體時，這個角色就成為真實自我的一部分。相反地，如果我們與面具發生衝突，就知道哪個角色不適合自己了。

所以不要認為戴上面具的過程一定是在背叛真實的自我。過於強調面具的陰影意義，會導致人們認為這個社會處處都在侵害真實的自我。事實上，如果我們能發展出真正的自我，就能調整面具在生命中的佔比，即使身處社會各種不同的狀況，也能安然自在地生活。

耗費精力的面子保衛戰

大家知道我們生活中最大的支出是什麼嗎？

我們生活中最大的支出就是「面子」。舉凡房子、車子、錢，都是用來維持這樣的面子。可是這些看得見的物質花費在我們為了面子的支出中只占很小的一部分，我們為了面子付出的真正代價是我們幾乎失去了人格活力。

重視面子與父母有關

現在，面子已經成為社會心理學的術語。人們早就不再用英文中的「face」來指代面子，因為「face」的涵義比「面子」實在小太多了。

但說到臉，有一句話包含了這個字——「不要臉」。「不要臉」用來罵人，它的殺傷力大概有幾顆星？如果滿分是五顆星，我覺得對中國人而言，它差不多是四．五顆星。這句話會帶給人強烈的羞恥感，甚至可以壓垮一個人的身心，讓人感覺無地自容。

一般來說，第一次知道要維護面子這件事情，可能是在和家人共處時，如果是小孩，則通常是和父母在一起時。

我們會發現孩子在自我意識逐漸覺醒時，會開始對父母的面子有一種非常盡力維護的行為。這種行為不是孩子刻意為之，而是無意識的。接下來孩子可能會覺得不舒服，再接下來可能就要對抗父母的面子。有些父母沒有察覺到這點，他們甚至會強制性地要求孩子繼續維護他們的面子。就像如果一層層去回溯那些從小就很優秀的人保持優勢的原始動力，你會發現可能就是為了維護父母的顏面。

父母這麼需要面子，可能他們當年真的丟過臉、不如人，而他們也特別在乎這一點，這樣的壓力就會對孩子產生巨大的影響。如果一個家族以某種東西（或某件事）為榮，將其視為自己的面子，久而久之就可能會形成一種家族傳統：所有的孩子從小就會被告知做什麼能讓人引以為傲，做什麼是很丟臉的。

以上這些體悟其實都是我自己在臨床工作中慢慢發現的。跟陌生人談論一些自己可能會感到丟臉的故事，其實是需要勇氣的。儘管在意識層面，我的來訪者可能會表現得很勇敢、很配合、很願意談論自己，但我還是能感覺到他們會迴避某些事情，這些迴避甚至完全不是刻意的。當我努力使對方注意這種迴避時，他們就會聽見自己內在真實的聲音，並感到羞愧。

面子就是我們的文化中很重要的一部分。我們的確也無法對這一部分做過多的討論，因為這個社會對這一部分的認知是根深柢固的，想徹底扭轉這種傳統是很困難的。

調整偶包在生命中的占比

人們或多或少都會維護自己的外在形象，會在意別人的眼光。我們就像商人，經營著以「自己」為名的無限公司，對自己應該負起無限的責任，同時我們也應該考慮投資面子的比例。

當然，面子很重要，就好比開店，如果店面的招牌實在太不起眼，或是不注重店內的設計，很可能就會影響生意。所以我並不建議你將在面子上的投資徹底清零。

不過在我看來，很多人在投資自己的人生時，面子的占比實在太大了。面子猶如一開機就占了人生記憶體百分之九十五的程式，以至於沒有空間安裝新的程式。

如果我想嘗試某樣新東西，我的「人生董事會」（這裡所說的「董事會」當然只是個比喻）就會開始焦慮地碎唸：「這樣做如果失敗了怎麼辦？我會被眾人嘲笑，這樣實在太丟臉了。」而我的感性和理性會在彼此商量後說：「不行，你不要嘗試新東西，不能放下身段，你要守住你的面子。」於是就只好繼續維護自尊和面子。

最終事情就會變成在上一篇文章所說的，時間一久，這個面具將成為我們的一部分，維護面子也會成為我們的最大任務，我們生命中的一切都會終身服務於某種面子。如果我們有了下一代，他們也可能會變成像我們一樣愛面子、怕丟臉的人。這樣代代相傳，對面子的維護便永無止境了。

我提醒大家可以好好思考一下，我們究竟在乎哪些面子？是不是特別在乎自己的某個身分，離開這個身分就不能生活了？

有些東西在一開始時不是「你有多需要它」，而是「在你的人生中，大家都需要它」。當你想做出改變時，代表別人的配重體系也會被瓦解，因此大家可能會一起拚命阻止你：「不行，你不能改變，如果你丟臉，我們的面子一定也掛不住，我們是一體的。」這種「生命共同體」的狀態，說得嚴重一些，會使我們最後「都死在一起」，當然這種「死」指的是人格層面的死亡。可能你這輩子都能將面子維護得很不錯，但你的人生或許也就只有一種顏色、只有一種可能性，徒留一輩子的遺憾。

三種人際關係類型，瞭解與他人的互動模式

在人際關係中，我們可能會有三種態度。這種三分法是心理學家卡倫．荷妮（Karen Horney）在她的著作《我們內心的衝突》（*Our Inner Conflicts*）裡首次提出的。我之所以介紹她的理論，是因為她的理論有比較強的實踐性，而且她也是很早就開始提倡自我分析的人。

人是可以進行自我分析的，荷妮本人就曾這樣做過。她構建了一個三分法來理解人際關係，即親近他人、與人對立和遠離他人。

接下來我們就逐一分析，看看你是否也覺得心有戚戚焉，深感認同。

親近他人

親近他人，這裡的「親近」是委婉的說法，其實本意是指迎合他人。

每個人內心都有迎合他人的成分，比如小孩子會迎合自己的照料者，這是被寫入基因裡的。如果你天生不迎合與親近他人，就很難獲得存活的機會。因為與其他哺乳動物剛出生的小baby相比，人類的嬰兒無論在身體或在心理方面都太弱小了，所以一開始他們就要學會順從，追求大人的喜愛和認同。

也有一些人天生缺乏這種能力，患有孤獨症譜系障礙，其中也包括自閉症。這種病症的程度有輕有重，程度重的可能完全不會迎合與親近他人，對他人也沒有情感上的依戀，可能只有一些最基本的表現。

親近他人的好處在於，它會讓你擁有安全型的依戀，在和他人的關係裡感到安心和踏實，願意處於這樣的關係中，並從中獲得成長。

但如果在親近他人時表現出一些強迫的特質，可能就會發展出依附性格。典型特徵就是過度黏人、太依賴別人。心理學家唐納德·溫尼科特（Donald W.Winnicott）

曾說，人獨處的能力很重要。但具有依附性格的人會強烈需要別人的關愛，希望別人關心他、讚美他，或保護他。

而且這種人在結束一段關係時（通常是被動結束），完全無法度過空窗期。有時我在診間聽來訪者敘述他以前各種重要的關係時，我的頭腦裡會為他建立一個時間軸：當他和A的關係到三月份終止時，可能四月初馬上就會有B；如果B到五月底，那麼六月初馬上就會有C。若是一個人沒有空窗期，你大概就可以推測，他沒有獨處的能力。

與人對立

有一類人習慣對抗他人，與人對立，在每一種關係裡都處於戰鬥的狀態。有時候做某些事情，團隊裡的確需要有這種特質的人，因為大多數人並不願意表現出攻擊性，也承擔不了對抗性的事務。

但有些人好像在所有的人際關係中都處於劍拔弩張的狀態，認為如果不保護自己，就會被別人欺負。看起來他好像都不會讓自己吃虧，但如果計算人生的整體收益，他敵對和否定別人的態度，可能讓他吃了更大的虧。

此外，他的伴侶可能會受不了這一點，或對方和他是同類型的人，這兩個具有攻擊性格的人生活在一起就實在「太熱鬧」了。如果他們有孩子，身為父母的兩人都有控制欲，想占上風，那誰占下風呢？當然是孩子了。所以如果兩個攻擊性格的人組成家庭、養育孩子，他們的小孩可能會極度敏感，對任何關係中的風吹草動都會膽戰心驚。

如果這樣的孩子自我能力還不錯，可能會發展出一種「和事佬」的性格。這不是因為他們天生喜歡扮演這種角色，而是如果他沒這個本事，可能就無法在家裡好好生存。

具有勸和性格的人，優點是他們的能量可能比較大，決斷性比較好。在英文中有一組相對的詞彙，一個是「aggressiveness」，就是我前面所說的攻擊性，另外一個詞「assertiveness」可以被翻譯為堅定性。如果能把對抗他人的部分發展得比較圓融，或者說昇華得更好，它可能就會變成一種堅定性。

還有些人，他們不是不想攻擊，而是他們的攻擊都向內，無論別人是否攻擊他們，他們都會自我攻擊。此外，也有些人會用非常巧妙的方法被動攻擊他人，就是雖然在表面上看來不具任何敵意，但他們就是能讓人感到挫敗。

如果處理不好自己的攻擊性格，他們很可能會否定自己，其實這也就是在否定父母。當然，這點並不是每個攻擊自我的人在一開始都能意識到的。

遠離他人

還有一種性格叫作遠離他人，表現出的態度就是不親近也不對抗，惹不起但我躲得掉，自己離群索居，與人保持安全距離。

這種性格原本不太受歡迎。大家是否還記得小學老師的評語？老師通常都會寫這個同學比較外向，人際關係比較好，因為如果不這麼寫，可能就是在暗示你比較孤僻。或許正是這種先入為主的認知導向，使得大部分人都不喜歡離群的人。

但其實避世獨處的人，尤其是在已經被充分網路化的現代環境中，他們也能找到自己安身之處。繭居族的概念就是用來形容這類型的人，他們就像蠶蛹一樣，生活在自己的繭殼裡。這類人並不是我前面所說的那種自閉症患者，也不見得對人完全沒有興趣，而是他們就喜歡待在自己最熟悉的地方。

具有這種性格的人，就積極層面來看，如果從事一些對獨立思考要求較高的工作，可能會做得比較好。因為他們不容易受到外界環境的影響，能夠對自己的想法持有定見。

這種性格在消極的方面，可能會形成一種假性的獨立，或產生逃離社會的行為，尤其如果他們的內在不夠充實豐富，那麼在不與人親近或逃避他人時，他們的內心還是很辛苦的。

擁有離群性格的人為了避免內心產生某些情緒，就乾脆與人切斷聯繫，所以這不是一種具有創造性的性格。有些人在人生的某些階段，也可能會出現這樣的態度。

我雖然說明了這個三分法，但是不希望大家對號入座。因為外在的框架對自我認知是必要，同時又是危險的。對我自己而言，這三種類型的態度我都有，而且我在不同時期可能是不同的類型，有些時候我的外在看起來是一種類型，但內在可能又是另一種類型。這就像有些花，花瓣在未開時是綠色，綻放後它的內側可能是紫色，和外表看起來完全不同。

所以儘管大家瞭解了三分法，也要記住每一種姿態都有積極和不太積極的不同面向，每個人的人格都是由不同姿態排列組合形成的。

審視界限：你在哪裡，什麼是你

「界限」這個詞起初在家庭治療中屬於比較專業的詞語，但現在由於一些書籍的廣泛介紹，人們也逐漸開始使用界限這個詞。

人際關係就是對某種界限的界定。如果我們要迎合別人，就意味著自己沒有界限，也不想看到別人對自己設下界限，希望能彼此融合。這是迎合型人格應對界限的情形之一。

如果與他人進行對抗，就變成我是有界限的，而且界限上都是刺。我留意到你也是有界限的，但我就是要挑戰你的界限，和你抗爭，如果不這樣做，我就沒有單獨存在的意義。如果消極地逃避他人，可能會變成我既不保護自己，也不去戰鬥，只想躲到一個有沒有界限都無所謂的地方一個人靜靜待著。

所以人和人之間發展某種關係，其實也就是在界定某種界限。

不同關係的界限屬性

我們和不同的人會有不同的關係。有些人是我們的上限，有些人是我們的下限，有些人則和我們處於同一個等級。我們和他人的關係可能是仰視，也可能是俯視，或是相互隔離的。在正常情況下，我們會控制自己在不同關係中界限的屬性。

如果你在談戀愛時的界限，和單身時一樣清楚而明確，這樣的戀愛可能會談不下去。因為戀愛就是讓雙方界限慢慢軟化的過程，兩個人最後在某些階段是融合的。這時的融合程度可能有點類似精神疾病：即使是聽到自己在內心對自己說話的聲音，也會覺得外界真的有人在對自己講話；如果在街上看到有人在飆罵，就會覺得對方一定是針對自己。這樣的人大腦裡就像有無線電的發射或接收裝置，一直在和很多人產生連結，這代表他的界限其實已經消失了。

處在熱戀階段的情侶就會處於類似這樣的精神障礙狀態，認為自己的心思對方都知道，或對方的心思自己都知道，感覺對方的一舉一動、一顰一笑，全都和自己有關，都在傳遞著一些外界不知道的資訊。其實這時，他們的界限已經變得疏鬆多孔了。

我們和母親的關係在一開始也是沒有界限的，處於一種融合的狀態。在這種狀態下，我們和母親在精神上彷彿有著臍帶連結，我們內心的想法，比如渴了或餓了，母親很神奇地全都知道。

人格的中心處於一種無界限狀態，只不過它有適應性的一面，也有病理性的一面。如果我們在生命體驗中得到了充分的滋養，例如嬰兒如果在母親的愛裡，得到非常安全而慈愛的照顧，孩子的心靈就會慢慢長出一層「皮膚」。

其實人的心靈也有一層像皮膚一樣的保護界限，具有允許營養進入與排出的機制，並且廢棄物不能再回來的特質。

就這樣，我們在和母親的關係裡逐漸建立了界限。當我們逐漸長大獨立成人，步入社會時，也會和別人有「皮膚」接觸，但這樣的接觸通常不會造成傷害。在不同的情境下，我們也會和其他人保持不一樣的距離。比如熱戀時可能就處於一種非常融合、距離很近、暫時失去界限的狀態中，而我們和別人的距離多半比與戀人的距離更遠一些。

如果一個人在形成界限，或是說在形成心靈皮膚的過程中受到傷害會如何呢？以人體的皮膚為例，受過傷的皮膚在恢復後，可能會變得太薄，或是過厚而長繭。我們的心靈也是如此。如果心靈皮膚因為受過傷害而變得很薄，這塊皮膚就會變得超級敏感，可能別人與我們的界限距離符合社會期待，但只要我們感覺對方有威脅，就會後退幾步，或乾脆逃離，以免再次被傷害或被侵犯。這種因傷害導致的敏感，就會讓我們在人際關係中出現一些問題。

比如有些人無法戀愛，因為在戀愛的過程中，如果對方有任何看起來像是要突破界限的行為，這些人就會感覺自己快要無法承受，甚至要瓦解了。因為他受過傷，所以他的這塊皮膚變得過於薄弱且敏感。

如果這塊皮膚變得很厚，比如長了繭，對新的傷害沒有感覺，其實這種鈍化並不能保護他不受傷害，相反地，還會讓他因為在人際關係裡把自己保護得太好，所以體驗不到別人對他的傷害。同樣的事情，別人可能會氣得火冒三丈，但他因為這塊皮膚有著很堅固的防禦性組織而絲毫無感。而這也產生一個問題：可能會因為心裡的皮膚無法及時預警，所以再次被人深深傷害。

在家庭中尊重彼此的界限

每個家人生活在同一個屋簷下，彼此的物理距離很近，所以在家庭中，我們不像平時那樣可以藉由拉遠距離調整界限以及和他人的關係。因此，家庭關係格外考驗我們自身界限的彈性、通透性、敏感性、保護性和防禦性。

如果家人之間的關係有問題，不論是夫妻、伴侶還是親子，在空間和心理界限中也容易出問題。尤其是父母，他們會輕易入侵孩子的界限，非常典型的例子有：孩子的房門不能上鎖，父母可以隨時推門而入……等，這很可怕，彼此的信任關係也會面臨很大的挑戰。

如果一個人沒有辦法維持自己的界限，那麼有可能他本來只是想要獨處、遠離別人，但最終卻被迫得與人抗爭。比如有些父母的態度很強硬，他們一定要突破孩子的界限：「你是我生的，你怎麼能說要有自己的空間，你這樣是拒絕我的好意和關心嗎？」於是父母越界的孩子，接下來他可能會摔門、砸東西，以此維持自身的私人空間。

界限其實是一個人主體感的來源。為什麼你回家要把門關上？因為把門一關，門內就是你的空間了。我們的心也是一樣，每個人都會有自己的祕密，而對自己的深度認同，就來自我們的祕密。

有些父母會要求孩子凡事都要據實稟報，不能有所隱瞞，這樣做就是不斷在越界，如此，孩子將無法形成「我」的感覺，他可能會產生「任何人都可以剝奪他、欺負他」的感受。

父母要尊重孩子獨立成長的心理，給予足夠的愛，也給他們足夠的距離。一個缺乏界限感的家庭，它的問題不是缺少什麼，而在於愛的過剩。這種過剩最終會成為壓力，迫使孩子與你漸行漸遠。

第二章

自然：卸下防禦偽裝，看清內心世界

藉由觀察人與人之間的相處模式，我們會發現，建立關係並不是一件簡單的事情。本章我們來審視自己在關係裡的樣子。

精神分析有一個很重要的概念——防禦。所謂的心理防禦機制，是指當我們面臨挫折或衝突等緊張情境時，在心中會自覺或不自覺地想擺脱煩惱、隔離意識和感受、減輕內心不安、尋求穩定的自我保護措施。

高級的防禦機制可以增加情緒韌性，讓我們不那麼脆弱；但低級的防禦機制則會傷害人的情感和意志，讓我們變得自欺欺人。

不論是投射、情感隔離、拖延、合理化、超理智化……藉由瞭解這些心理防禦機制，我們就能看清自己與他人相處時的樣子。

心理防禦能保護自己，也可能阻礙自己

人與人之間的關係是複雜多元的，人在各種關係中也會產生不同的配重。接下來，我們要談一談關係中的個體，也就是處於關係中的「你」。

每個人心裡都有一道心理防禦牆

很多花都是有萼片的。花萼通常呈綠色的葉片狀，包覆在花朵的最外層，用來保護比較脆弱而嬌嫩的花朵，像是玫瑰的萼片就比較明顯。但如果萼片特別緊，當花要綻放時，萼片還是緊緊地束縛著它，這朵花就無法綻放了。

若是用「花」來形容一個人的內心，花萼就如同人的防禦系統。人不能沒有防禦力，但也不能防禦過度。很多的心理問題，乃至人際交往中的一些煩惱，都是因為我們的防禦系統過於僵化、刻板。

沙特的戲劇《禁閉》中有一句臺詞是「他人即地獄」，這裡的「他人」就是指關係。我們和他人在一起時都戴著面具，這些面具就是我們防禦機制的一部分。

那麼我們在防禦什麼呢？我們是在防禦他人，因為即使是自己的親人，也有可能會影響我們內在世界的平衡。即使我們獨處時，我們的防禦機制也沒有完全關閉，這時的防禦機制是在防備「你內在的他人」，這個「內在的他人」就像隱藏在特洛伊木馬中的間諜，時間久了，你的內在世界都將被「他人」入侵。

我曾遇過一個來訪者，他正在談一件事情，說著說著突然就停了下來，然後換了另一個話題，你能明顯感覺他談論的內容發生了一百八十度的轉變，此時他究竟意識到什麼呢？

於是我問他：「你剛剛明明在說另一件事，為什麼突然就岔開話題了？你想到了什麼嗎？」

他說：「一談到這個，我就想起我爸了！」

原來，在他說話時，他心裡的父親突然朝他迎面走來，那是他極度想壓抑的過往經驗，所以他內心馬上啟動防禦，選擇避而不談。

如果我們的心靈防禦系統被過度啟動，內在的士兵就沒有休息的時候，會一直巡視我們的內心。這些士兵有時就會過於敏感，讓我們很多再正常不過的行為也被限制或扼殺。

舉例來說，為什麼有些罹患肺炎的病人上午情況還好，下午就突然去世了？因為他們的身體啟動了一種叫作「免疫風暴[1]」的防禦反應，讓免疫系統分泌過量的抗體。因為產生過度強烈的反應，免疫系統處於亢進的狀態，把病人正常的肺泡組織都當成入侵者，不分好壞、不分敵我地全力防禦。

當免疫系統被過度啟動時，防禦的後果會是災難性的。所以我們既不能沒有防禦系統（如果沒有，任何一個小小的病原都可能導致死亡），又不能讓防禦系統被過度啟動（不然會引起像免疫風暴一樣的焦慮風暴）。

這裡我將說明三種防禦機制，分別是原始防禦機制、中級防禦機制和成熟防禦機制。

原始的防禦機制——非黑即白的二分法

大多數人都能根據不同的情況和關係，靈活使用防禦機制。但有些人的防禦機制特別原始，他們的世界非黑即白，會認為一個人不是好極了，不然就是壞透了，對他人進行兩極化的褒揚或貶低。在他們眼裡，你上一秒可能是大好人，瞬間或許就成了大惡人。他們的內心如同持續處在狂風驟雨的天氣般，會有極其多變的想法和行動，讓人無法有效與其溝通。

也有些人的防禦是以否認的形式表現，這種否認會達到妄想的程度。比如，明明不存在的東西，他卻覺得存在；明明他剛剛才說過某件事，但你一提起他說過什麼，他卻會用「我有說過嗎？我才沒有。」來加以否認。否認就是種自我保護，這種方式是在告訴自己拒絕接受現實，或假裝某個傷人的想法、事件、行為從來沒有發生過，要和這種人講道理是很困難的。

1 人體的免疫系統出現防禦過當行為而發出的錯誤訊息，不僅會清除入侵病毒，同時也會造成自身的器官損傷或衰竭，嚴重時將導致死亡。

如果一個人總是使用這種非常原始的防禦機制，也很難交到朋友，但這可能是因為他們曾在關係中經歷過一些非常負面的事情，以至於不得不啟動這種防禦。

如果你不知該如何與這類人相處，那就與對方保持距離，不然你自己的防禦體系可能會被對方瓦解，最後你也會變得很痛苦。

中級的防禦機制——壓抑

以壓抑為核心的防禦機制稱為中級防禦機制，但要注意區分「壓抑」與「克制」的不同。壓抑是無意識的，克制是有意識的，如果你能察覺到自己在壓抑，通常這就是克制。

比如我走在路上突然想上廁所，可是放眼望去到處都找不到洗手間，這時我必須克制這種衝動，直到找到洗手間為止。這個過程就是克制，因為它完全是在意識的指導下進行。

而壓抑就非如此。比如有人在生氣時會產生想怒罵對方的衝動，但我們多半可以用理智壓抑憤怒。壓抑通常需要藉由下列四項輔助機制，才能保護其功能正常運行。

一、合理化

合理化就是製造「合理」的理由來解釋並遮掩自我的傷害。雖然這些理由往往並非主要或真正原因，又或是不正確、不客觀、不合邏輯的，但以這些理由來自我安慰、說服自己，能避免精神上的苦惱，減少失望的情緒。

例如吃不到葡萄，就說服自己這葡萄一定很酸；如果做了一件不好的事情，就自我催眠，把它說成是合乎情理的。這種合埋化就能讓內心變得平和，也是一般人最常用的一種心理防禦機制。

二、反向作用

這是一種對下意識的需求採取相反的反應，對於內心難以接受、不愉快的觀念、情感、欲望，都以相反的態度或行為表現出來，藉此釋放這種衝動，減輕焦慮，某種程度也可說是矯枉過正。

比如有人明明很想喝可樂，但都會勸朋友可樂有害健康，還是少喝為妙；或是你明明很喜歡一個女生，卻常常欺負她，這些都是種反向作用。

三、理智化

如果一個人很想做某件事情，但因為各種原因而無法進行時，他就會將自身的行為或處境合理化，並用有利於自己的理由來為自己辯解，以掩飾內心的不快樂或痛苦。

例如他明明有性方面的欲望，但不敢付諸行動，因為他覺得性欲是罪惡、骯髒的。為了抑制衝動，他不親身體驗那些誘惑著自己的性事，而是對自己的感覺加以邏輯化地解釋，在不知不覺中去除與想法連接的感情，避免了內心的衝突，進而阻止難被容納的衝動所引起的焦慮。他可能也會轉而研究一些與性相關的東西，這樣就能接近與「性」有關的話題，就某種程度來說，是利用轉化的方式實現了自己的願望。

四、情感隔離

有人在談論與自己有關的事情時，即使是非常慘痛或悲傷的經歷，也都能表現得像是在講別人的事情，感覺無關痛癢。如果追問他對那些事情的感覺與情緒，他會無法說清楚、講明白。如果當事人能清楚說明那些不愉快的情景，表示那些事情並非被遺忘，只是他們的情緒與該情景有關的聯繫被阻斷了。

那麼，這些人的情感到了哪裡呢？是去了他心裡的隔離區。藉由這種隔離，可以將一些不堪回首的事實、情景或情感分隔於意識之外，使自己相信什麼也沒有發生，也無須因此而做些什麼，以免引起心理上的尷尬、不愉快或焦慮。

成熟的防禦機制——幽默、昇華、利他

還有一些比較成熟的防禦機制，如幽默、昇華或利他。

一、幽默

幽默不僅能有效維護內在的平衡，更不會對彼此造成過多的傷害。

假設有兩個人是好友，偶爾有些話可能會說得有點失分寸，此時被嘲笑、被「虧」的那個人如果也能順勢自嘲地開個玩笑化解尷尬，那麼彼此的關係不僅不會受到損害，還可能進一步加深了情誼。

二、昇華

如果每個人內心的負面情緒或負能量都能找到並打開昇華的管道，也是種比較妥善的處理方式。

比如一個人的內心充滿強烈的攻擊性，但他喜歡從事拳擊或散打這類能發洩情緒、壓力的運動，這些攻擊性就會被昇華為一種競技運動能力。

三、利他

利他是比較高級的防禦機制，透過自覺、不圖回報地為他人服務，獲得社會讚賞和他人感激，最終獲得自我的滿足。

但如果一個人太在乎別人的感受，過於利他，反而會給他人甚至是自己帶來麻煩，讓人覺得被打擾。

另外要特別注意的是，上述提到的昇華也有可能是「假昇華」，比如利他很可能就是一種假昇華。

舒適圈悖論：不能太舒服，也不要太安逸

很多人都告訴自己要走出舒適圈，要勇於接受挑戰，可是那些本來在生活中就感到不舒服的人、沒有舒適圈的人該怎麼辦？那就要尋找屬於自己的舒適圈。

此外，認知到舒適圈對自己來說代表什麼之後，才真正是選擇的開始。你可以理性地選擇待在舒適圈，也可以跳出舒適圈。

人類具有自我調節、維持穩定狀態的能力

我們的舒適圈和防禦系統有關，防禦是為了避免不舒服，但有時候過度防禦也會讓人不舒服。然而當一個人完全覺得舒服時，也不表示他達到了理想狀態。

舒服的狀態可能會讓人覺得無聊，讓人想尋找刺激，因而進入不舒服的狀態。這

就像是一個悖論。人究竟應該在發現舒適圈後一直待在裡面比較好，還是該不斷地自我突破，離開舒適圈？

要回答這個問題，我們要借用「恆定狀態」的概念。在生理方面，你的身體之所以能正常運行，是因為體內的各種系統正以一種非常具有默契的方式相互合作，體溫、血壓、血液的酸鹼度等都處於特定且合適的範圍內。一旦這些指標離開這個範圍，你的生命象徵就會不穩定。

每個人都需要不斷調節自己的恆定狀態。例如，如果身體要散熱，毛孔就會張開，增加出汗量。我們的生理通常都有這種「負回饋[2]」的現象，在心理層面也是如此。如果我們的內心狀態過於安逸，它就會朝不舒適的方向調整；如果過於不舒適，也會往自在的方向調整。我們的人生就是在不舒適與舒適間遊走著。

若是我們不呼吸、不吃東西，體內勢必無法自動且持續保持平衡，所以一定要對生命系統輸入一些能量。心理方面也是同樣的道理，人的心理不會長久處於淡定平和的狀態，理論上這樣的狀態甚至還會使我們的內心自動走向混亂，所以我們一定要輸入並吸收一些新的資訊。

而輸入的這些新資訊就構成了刺激，如果我們能妥善防禦這些刺激，也就能同化它們，或主動改變自己的部分心理順應它們。同化（把新經驗放入既有的舊經驗裡，且以舊經驗去辨認或解釋環境中的新事物）和順應（改變自己以應付改變的環境）是我們與外界交流的方式，這裡的「外界」不僅指生物層面的自然界，也指社會層面的他人。

舒服與不舒服的人際關係

我們和他人進行交流時，尤其是陌生或不太熟悉的人，通常都需要經過不太舒服的磨合期。即便是一個對我們有利的人，也需要我們做出某些改變，這樣彼此的關係才能達到一種自己和他人都能接受、具有迎合性質的狀態。

也就是說，在與人交往的過程中，其實就是不斷從不舒適朝舒適調整的動態平衡過程，如果對方能夠理解你調整自身狀態的用心良苦，並以合適的方式做出回應，那

2 回饋的一種類型，是指系統的輸出會影響系統的輸入，在輸出發生變動時，所造成的影響會剛好和原來變動的趨勢相反。

麼彼此就能舒服地待在關係裡相處。反之，關係就無法維持下去。

我經常比喻人和人在互動時，就像是在踩著石頭過河。如果我們把在岸上視為處於舒適圈裡，那麼我們完全可以一輩子都待在岸上，但某天我們想過河，可能是因為在岸上的生活已經讓我們覺得無聊透頂，想看一下河對岸的風景了。這時，我們開始打算離開。第一步只是先嘗試離開舒適圈，當我們伸出腳踩第一塊石頭時，內心可能會感到不安，但這種不安完全可以不去深究，甚至加以忽略，因為我們還有一隻腳在舒適圈裡，邁出的第一步只是略增了不舒適的體驗和可能性。

如果感覺腳下所踩的這塊石頭還滿穩固的，接下來就可以把另一隻腳也踩上去。當兩隻腳都踩上去後，我們就在這塊石頭上獲得了一個新的恆定、新的平衡。若是我們覺得前方不夠安全，想退回原來的舒適圈，只需轉身一躍，就可以回到岸上。

當越接近河流的中間點，對腳下的石頭就會越缺乏安全感。每次把身體重心移到下一塊石頭之前，內心會忐忑不安。有時候可能還故意用腳踢一下石頭，或先用力踩一下，或許在這樣的踩踏之間，一塊原本可以墊腳的石頭滑走了，讓你無法繼續尋找下一個可以踩的石頭。這時如果你想退回岸上，就不像剛開始在第一塊石頭上時那麼簡單了。我們就會進入某種困境。很多人就是因為沒有提前做好規畫，或是在試探下一塊石頭時用力過猛，所以只能停在原地。

生活中的各種經歷和體驗，像是換新工作或是換伴侶，都像踩石頭過河一樣，是不斷試探和調整心理舒適圈的過程。

舒適圈與防禦系統有關

在心理治療的初期，前來諮商的人就像是站在岸邊評估心理師這塊石頭。如果他決定在這位心理師的幫助下讓自己有所成長、讓生命有正向轉變，就相當於踩上了第一塊石頭。

然而，不論是什麼原因讓來訪者退卻，一旦他後退一步，就隨時可能完全退回去。心理師會發現，隨著彼此關係的深入，對方的懷疑可能也會變得越來越深。而且就像前文分析過的防禦機制，對方可能壓抑了這種懷疑而不自知。比如，他並非有意想離開這段關係，但他接下來就是會遲到，或是完全忘了跟諮商師有約，這些行為其實就代表他的防禦機制已經被啟動了。

防禦機制多半是在我們還是童年，乃至還是嬰兒時就已形成。但長大後，我們不一定能覺察到自己那麼早就形成了防禦機制，我們明明已經擁有成年人的心智，也擁有很多外在的能力和資源，但控制防禦機制的部分並沒有隨著年齡增長，我們仍會不由自主地使用已經過時的防禦系統，來應對外界刺激和環境變化，這時就會帶來麻煩。

所以，當我們希望能「認識自己」時，其中有個很重要的關鍵，就是不僅要「向內看」，也要「往外看」，這將有助於你的恆定狀態保持平衡，這種平衡不是一種剛性的、貧瘠的、一成不變的平衡，而是一種可以不斷調整、不斷適應新環境、不斷容納更多人的動態平衡，也是最穩定的平衡。

心理學中有兩個名詞，一個叫作「flexibility」，即靈活性；另一個叫作「resilience」，即韌性或彈性。如果一個人的恆定狀態都能兼具靈活性和韌性，讓自己的內在能充分、透明、及時交流，形成一種不斷調整、不斷適應新環境、不斷容納更多人的動態平衡，就能邁向更大的自由。

雖然叔本華說：「人生就像鐘擺一樣，在痛苦和無聊之間不停擺盪。」但我覺得這個鐘擺並不是簡單而機械式地在擺動，隨著每一次的擺動，它的振幅都在增大，我們的路也會越走越寬。

三種心理防禦機制：戰鬥、逃跑與僵住

這一節，我想和大家分享三種非常古老而原始的防禦機制。這三種防禦機制分別是戰鬥、逃跑與石化，它們對應的英文單詞，都是以字母f開頭，分別是「fight」「flee」和「freeze」。

不僅人類有這三種防禦機制，其他動物也都有，這些機制被用來應對異常而緊急的局面。很多時候我們無法操控自己的這三種機制，因為它們處於藏得很深的底層位置。

戰鬥

動物的戰鬥反應是有其特徵的。像是狗做出攻擊姿態時，牠的鼻子會皺起來，發出嗚嗚的低吼聲；而一些鳥類，比如雞，則會把脖子上的毛「炸」開。

人類做出戰鬥姿態時，則會在短時間內分泌大量的腎上腺素，心跳會加快，呼吸會變得淺而急促，某些部位甚至全身的肌肉都有可能變得緊繃。如果我們的身體覺得警告信號消失了，這個戰鬥姿態也會隨之解除，人體會慢慢停止排汗，呼吸也會變得平穩。

但如果一個人經常進入戰鬥狀態，將對身心產生一些深刻且不可逆的變化。很多人有高血壓其實都與情緒有關，因為他們的身體經常保持戰鬥的姿態，然而他們卻完全沒有意識到這一點，所以無法對自己進行心理調節，但身體每一次都會把這種戰鬥姿態當成真實的戰爭。長此以往，身體被這種腎上腺素不斷「轟炸」，久而久之就真的會出現一些病變，而這些病變的外在表現就是高血壓。

還有一些人經常會覺得肩頸和手臂麻木與疼痛，肌肉非常緊繃。即使他在接受檢查或問診時處於一種放鬆的、非戰鬥的姿態，但只要一感受自己的身體，就像得到信號一樣，身體立刻變得緊繃，好像有人要跟他打架似的。日積月累，他就形成了戰鬥姿態的肌肉記憶。

所以，我們透過觀察這些人罹患的慢性疾病或身心疾病的種類，可以猜測他們的性格，甚至可以根據之前提過的關係理論和配重理論，猜出他們的父母是怎樣的人。

逃跑

小時候經常被打的人，身體會慢慢發生一些變化：不是變得很強壯，就是變得很孱弱。變強壯的人會經常處於戰鬥狀態，時時刻刻都繃緊著肌肉，因此身體就變得很結實；而特別孱弱的原因，其實有點像戰或逃的反應，也就是把自己變得特別弱，給人一種不耐打的印象，進而形成一種防禦。

我們不能簡單地把這種逃跑上綱到倫理層面，認為有逃跑反應的人一定是膽小鬼，因為有些人的生活原則就是避免任何可能出現的威脅，避免任何人際衝突。

曾經有位來訪者說，他在工作中被升遷，獲得了更高的職位和薪水。這本來是件好事，可是對他而言，職涯更上層樓也意味著與人發生衝突的情況一定會變多，這讓他忐忑不安。那麼他如何處理呢？答案是「逃」。只要他進到新的辦公室就會過敏，得蕁麻疹。這是他無法控制的。只要處於某個讓他覺得不安全的位置，他的心理感受就會表現在皮膚上。

其實這些防禦是身體內建的方式之一，只不過在這裡變成了逃跑反應。這類型的人不僅會從一些情境中脫逃，他們的人生也會以這種逃跑姿態進行著。

遇到不能駕馭的狀況而常選擇落跑的人，在與具有攻擊性的人相處時，具攻擊性人格者有可能變得更容易欺負喜歡逃跑的人，因為他覺得攻擊對方是件很容易的事。

此外，在某個關係裡扮演逃跑角色的人，並非在所有的關係中都會扮演同樣的角色，他也可能在其他情境中扮演攻擊的角色。例如在公司裡比較膽小，總是唯唯諾諾的人，回到家裡卻會隨心所欲地亂發脾氣，把身邊的人都逼出逃跑反應，這樣的例子也很常見。在這種情況下，他身邊親密的家人或另一半很可能就會以逃跑的方式完成配重。因為如果雙方都具有攻擊性，那兩強相遇必有一傷。為了大家都能正常過生活，當一方攻擊時，另一方就會逃跑。

僵住

攻擊型與逃跑型的夫妻組合在沒有孩子時或許還可以維持，但如果有了小孩，他們的下一代很有可能發展出僵住的反應，徹底被石化，也就是變得像石頭一樣呆滯而無情。

就像一些動物在無法逃跑也無法戰鬥時會進入假死狀態，很多動物特別擅長偽裝死亡，一被抓到馬上就裝死，甚至身體摸起來都軟綿綿的，像是真的死了一樣。但一旦把牠放在一邊，過一會兒牠就會馬上起身趕緊逃走。

很多長期處於不和睦家庭環境的孩子就學會了僵住的防禦方式，因為他們無論是身體或心智的力量都不足以壓制眼前的威脅，也沒有能力逃離家庭的困境，既然打不贏也逃不掉，就只好在原地僵住。如果這種防禦變成一種風格，發展成一種姿態，最後擴展到整個人生，那麼這個人就徹底地凍結麻痺了。

我發現有一些來訪者在工作時很容易覺得無聊，沒有什麼活力，或者說他們缺少那麼一點人類應有的情感。因為他們已經藉由自我調節系統，幾乎把自己變成了真正的石頭，所以即使他們因為憂鬱來求診，也讓人感覺不到憂鬱的症狀，好像整個人都變成了一個憂鬱的符號，連他的情感也變成了一種符號，完全不再發生變化了。

「石頭人」在這三種防禦風格裡的能力等級最弱，因為無論是戰鬥或逃跑，都需要你有力量才能付諸行動，人格中只要有力量，就可以被引導到一個能實現昇華的出口。但如果這些力量都消失，或被深深地隱藏起來，表面那層硬殼就會阻礙此人表現出活力。他看起來可能是正常的，但付出的代價就是失去了生命力。

有些人會覺得疑惑，為什麼在某些情境下，他的伴侶、朋友或身邊的同事會出現某種情緒反應但他卻沒有，而且他也完全意識不到自己的壓抑。這可能是因為每天的工作讓他僵化，即使在生活中也像個機器人。

但在「石頭人」的內心，其實躲著一個、甚至是一群小孩，我們要非常努力、有耐心且細心地喚醒他們，讓他們的靈魂重新恢復活力，不再需要用這種僵住的方式生活。

你看到的世界，是你內心的投射

我們的內心會以投射的方式看待世界。我們會用投射為這個世界「加工」，讓世界看起來是我們熟悉的樣子。

當看到一個新東西時，例如小時候第一次看到冰箱時，我們並不知道冰箱是什麼，這時就會把它和自己熟悉的事物進行對比，猜測它的大概用處：它是一個金屬做的箱子，是一個能夠儲物的箱子，手伸進去會讓人感覺很冰涼……等，結合這些資訊後，我們才能理解新的事物。

同理，當我們遇見一個陌生人時，也不會把對方當成一個全新的人來看待，而會把自己對以前認識的一些人的情感、期望、印象和衝突，或多或少地投射到這個人身上，這樣才能將其納入自己的世界。

投射的負面影響——被局限在熟悉的認知裡

人擁有無限的可能性，但因為每個人的家庭出身不同，很可能會因為過度認同家庭而自我局限。一開始我們的人格主要是在和家庭成員配重，並且執意認為從這時的配重中所得到的就是自身的全部。當我們和家庭之外的人接觸時，會用投射在固有框架裡的認知解讀對方，導致我們的人生被種種原因所局限。

此外，我們會看到一些人好像在不斷重複他的生活模式，比如他和喜歡的人交往，並在交往的過程中漸漸失去耐心，甚至產生了強烈的反感，於是和這個人徹底斷絕關係。

然後他會換另一個人交往，但過不了多久，他就會發現熟悉的感覺捲土重來。時間再更長之後，他甚至會發現對方的一些生活習慣，乃至一些不容易留意到的細節，竟然和前任相同。

這究竟是怎麼回事呢？因為我們的內心藏了一些對於我們重要的人的範本，我們每天都在用這些範本觀察、探測和接觸其他人。正因為這樣的投射機制，我們才會覺得這個世界是連續的、熟悉的，也就是我在前面文章中曾提到的恆定狀態和舒適圈。

即使你每天所面對的人很糟糕，但只要這種糟糕的不舒服感受是連續而穩定的，那麼它仍然能在你內心製造不太合理的恆定狀態和舒適圈。這也是一個人離開他覺得糟糕透頂的人後，還是很可能再找到類似的人的原因，因為人的內在對恆定狀態的需求，已經超過對自我成長的需求。

如果我們想自我突破，就需要不斷破壞內在的穩定。但投射機制會把我們局限在一個熟悉的環境中，它就像個隱形的球體，讓我們對世界的印象被受限於這個球內。試想，如果你所看到的世界並不是一個廣闊的平面，而是個封閉的球體。無論你朝哪個方向看，都只有你熟悉的東西，那是種多麼深刻的孤獨感。

所以從負面影響的層面來說，我們應該充分認識投射機制在我們生活中所製造的麻煩，以及我們正多麼貪婪地使用投射機制。如果對方變得有點不像我們認為的他，我們甚至會繼續投射，使他在我們的眼中變成我們想要的樣子。這也是為什麼在關係中，兩個人會用相互投射作為維持彼此關係的穩定性。

投射可以是單向的，但日常生活中的投射更多是雙向的。你像我的前任，我像你的前任，我和我的前任之間還有一筆帳沒有算完，而你和你的前任之間也有一段糾結還未理清，所以我們的結合就是要把那些沒算的帳再仔細算一遍。這是不是很可怕？

投射也無處不在，比如我們做的夢就是個例子。做夢時我們並沒有和外界接觸，感官也是關閉的，這時我們僅面對自己的內在世界，所以更容易呈現真實的自己。

有些人在做夢時會被夢裡的景象嚇到，其實這就是被自己的一部分嚇到。我們可以透過一個人夢中的情節、內容、氣氛和情緒，理解這個人的內心，因為夢幾乎百分之百是內心的投射，它幾乎沒有被外界調整過。

一個人在夢中可能變成與日常生活中完全相反的一個人，例如他在白天是個非常溫文有禮的君子，但在夢中卻變成了一頭怪獸或殘暴的人。用配重理論來分析，為什麼晚上夢中的氛圍會與白天截然相反，夢中的人格會與自己的主導人格截然相反？可能就是因為他的夢正在為他的日常進行配重。

如果我說，你夢到的所有人其實都是自己，你就是這個夢境的導演時，你可能會覺得不安，因為這會讓你覺得在白天的人格不是真正的自己。但如果把現實與夢境相互對照，你會發現自己白天的人格和在夢中的所有人格，其實是在相互配重。

你白天和不同的人互動時，會使用不同的機制。在投射作用下，你會為了呼應對方而形成一個合適的面具，所以你日常生活中的人格，也是由一系列投射形成的。

投射的正面力量——找到不同層面的自己

人的內心真的很複雜，但藉由投射，我們可以找到不同層面的自己，這就是投射的積極面。想完全不對其他的人或物進行投射，就像一個中子星或一個黑洞一樣，讓外界完全看不到你，也不向外界送出任何資訊，幾乎是不可能的。

當你和他人互動並不斷投射時，你也在不斷優化自身。但你這樣進行的優化可能是片面的，因為和你互動的「他人」或許也正被局限在一些特定的面具裡。所以要多和不同的人進行互動，獲得不同的投射，進而外轉（turning outward）自身內在不同的部分。當你的內在變得越來越豐富，你能見到的自己也會越來越全面而真實。

當我們的內心逐漸產生勇氣後，可以試著和那些我們原本不喜歡的人接觸。我們會不喜歡某些人，是因為他們投射了我們人格中的黑暗面，或者說他們投射了我們的陰影。但陰影也是我們的一部分，如果要更深入認識自己，並藉由這樣的認識讓自己成為更好的人，就不能無視自己的陰影，而要學會主動走向那些讓我們覺得反感或排斥的人。

當你跨出這一步，嘗試與你不喜歡的那些人接觸時，要注意自己的內在有什麼東西被啟動了，你的內心又產生什麼變化。這是一個由舒適圈前進到不舒適圈的過程，而這種行進勢必會使內在發生調整。利用觀察我們對待這個調整的方式，可以反推出我們的內在還有什麼。

所以，當一個人的內在逐漸變得強大時，他可以接觸的人會逐漸變多，這種與人接觸的過程，就像是在茫茫人海中，不斷尋覓自己的人生片段一樣。

敏感族群的高防禦機制

談到「敏感」，我有一些困惑，因為我不確定敏感現在究竟是種誇讚，還是具有貶低之意。我的小孩在幼兒園和美術才藝班老師那裡獲得的評語都是「敏感」，這讓我思考許久，以至於現在說到敏感這個詞我都會變得敏感起來。

敏感是防禦系統中對外界產生回應的一種方式。對外界的事物做出反應是很正常的，完全不回應外界的一定不具有生命，又或是像之前提過出現僵住反應的人。但敏感和另外一個詞「敏銳」之間的界限究竟在哪裡？我們要仔細分析一下，讓我們的敏感能恰到好處。

有些人好像就會有點「過敏」。例如，兩個人聊了一些很中性的話題，其中一方可能在聊完天彼此分開不久後，就已經完全忘掉之前的談話，但另外一方可能還在心裡不斷反芻那些話，認為自己聽出很多意在言外的弦外之音，也可能會想起一些不愉快的陳年往事，令他不安，甚至身體還會覺得有些不舒服。

這就是一種比較亢進的反應體系。這種人的內心好像沒有休息時間，除了在睡眠狀態會有短暫的停頓之外，在其他時間似乎會隨時都留意著周遭的一切。

敏感跟生活經歷有關

為什麼有些人很敏感呢？這一定跟他們過往的生活情境有關，他們所處的外在環境需要這種隨時運作的監控狀態。這類型的敏感像是一種在開機後就可以自動運行的程式，而且需要更新的地方越來越多，占用的記憶體也會越來越大，最後的結果就是系統完全無法運行其他軟體。

在職場中，如果主管對他們的評價不太好，或是多所要求，甚至還具有敵意，那麼他們的防禦機制就會處於非常活躍的狀態，整個人變得極其敏感。在這種情況下，他們自然沒有太多心力去做該做的事情。

在親密關係中，如果兩個人越走越近，都離開了自己的舒適圈，其實對彼此來說都會有點冒險。這種冒險就像兩個人踩著石頭過河，同時從各自的岸邊走向河中間，快走到時，腳下的石頭變得越來越小、越來越滑，同時兩人對危險的焦慮以及對未來的不確定會被交互放大，彼此的系統都會變得非常亢進、非常敏感，最後導致關係破裂。

所以，如果你發現自己過於敏感，就要想想你是不是曾經生活在一種必須變得很敏感才能生存的環境中。

容易察覺外界細節的高敏感族

我發現有些人的敏感特質是對外的，也就是對外界事物和資訊比較敏感。

像是我跟一位案主是利用視訊進行線上諮詢，在鏡頭前的我背後有個書架，如果這次諮詢和下次諮詢時書架上的書改變擺放的位置，他都會注意到，而我自己可能完全不記得這件事。我很好奇他怎麼會有這麼敏銳的觀察力，詢問後才知道，原來他小時候在托兒所時，每天都會躺在一張小床上，只能看著天花板，天花板上的任何變化他都會觀察到，比如有隻蜘蛛織了一張網之類的細微瑣事，也逃不了他的眼睛，因而練就了他敏銳的觀察力。

還有的來訪者對我的身體狀況非常敏感，甚至能預知我即將感冒，但當時我還完全沒有任何症狀。這是因為他小時候的照顧者——他的母親，比較體弱多病。母親一旦生病，家裡往往會一團糟，父親可能也會因為不擅長家務而手忙腳亂，脾氣暴躁，孩子則會因為父親的負面情緒而緊張兮兮。後來每當家人生病時，他都處於非常負能量的狀態，導致他對這樣的情境發展出很強大的配重方式——「我要提前預知母親的感冒」，以至於他真的可以感知他人在生病前的狀態。

有的來訪者是學生，他每天放學回家，只要在樓下喊一聲「媽」，就能根據母親在幾秒內做出的回應，比如她的音調，來判斷母親今天的心情。

過度關注自己的高敏感族

也有些人對外界沒那麼敏感，但對自己的身體和情緒卻非常敏感。有些人容易出現過敏症狀，而且總是與自身的情緒有關。比如，處於某種壓力狀態，他可能就會長蕁麻疹。

還有一些人總覺得自己好像生病了，隨時都會注意自己的身體狀況。如果過度關心自己的身體，你會發現身體的確某些地方偶爾會有點不太對勁。例如你會覺得腸子裡好像有氣體在慢慢地遊走，你只要專注去感覺，過一會就會覺得腸子似乎都不蠕動了，這就像是一種精神、心理、身體的交互作用。

當一個人逐漸變得敏感時，就會放大一些現象。你可以做個試驗，在心中不斷默唸告訴自己：不要去想白熊，不要去想白熊，不要去想白熊……連續唸一百零八遍後再走到窗邊抬頭看看藍天，可能你會發現滿天都是白熊，因為這時你對白熊已經很敏感了。

如果我們對自己的身體格外敏感，就會在身體裡找到各種不舒服的地方；如果我們對自己的情緒格外敏感，例如當我們讀了一篇探討憂鬱症的文章，對照上面所列的症狀做自我測試後，我們一定能找出自己與文中描述憂鬱特徵的吻合之處。所以對身體和情緒的過度敏感的確會帶來很多麻煩，讓我們自己嚇自己。

「無感」也是敏感的一種

還有些人好像對什麼都沒反應，表現出一種無感。但他們是真的天生神經不夠敏感嗎？那倒也未必。如果回溯這些人的生活經歷，你會發現其實他們是有過敏感時期的。但也許他們處於敏感時期太久了，所以決定關閉感覺通道，這就好像自身的防禦機制由過度敏感的1.0版本變成無感的2.0版本。

當他們把所有的閘門都關閉時，該如何調動反應呢？你可以想像，如果他們在面對外在世界時變得很無感，會遇到多少麻煩。他們在人際間無法探測那些正常範圍內的信號，聽不出弦外之音，可能也無法與人正常溝通，在社會通常也很難生存。

還有些人，他們把對內的敏感也關閉了，結果就是身體變得麻木、僵硬，這些人也完全不知道自己處於某種亞健康的狀態。有可能隔了一段時間不見，你會非常驚訝地發現這個人看起來像是生了什麼大病，但他自己卻渾然不覺。

發揮覺知的力量與勇氣

那麼，我們該如何發展更合適的防禦系統呢？答案是：充分地發展覺知。

處於每種情境中時，我們都要有意識地覺知投射是如何發出的，我們偵測到怎樣的人際信號或身體信號，這個信號又啟動了我們內在的何種防禦機制，我們又如何動員這種機制，而被動員的機制在多大程度上誇大或扭曲了現實，進而讓我們呈現過於亢進的敏感反應，或是過於麻木的無感反應。

但做這樣的練習需要一些勇氣，因為如果你每次都採用同樣的防禦方式，你可能會不自覺進入某種舒適圈或安全區，這些區域可能比較侷促，你待在裡面就像是把自己關在一個密閉的房間裡，雖然熟悉且安全，但它是封閉而狹小的。

如果你告訴自己要多看一眼你本來想躲避的人，哪怕你沒有再向前走一步，只是站在原地多待一秒，這種想法也是需要勇氣的。所以，我們要勇敢多停留一秒，看看自己的防禦系統是在正常運作，還是朝不好的方向運行。

所以，從敏感到敏銳的過渡，可能不是看一本書就能實現的。如果你處於2.0或1.0

的模式，想回到一種比較敏銳、有彈性的防禦狀態，這個過程所需要的時間可能要以「年」計算，但所幸我們是能做到的。

不要自責「為什麼拖延」，而要問「自己在逃避什麼」

一個人如果因為某件事情來詢問你的意見，那這個人很可能就有拖延方面的問題。如果他完全不知道該怎麼做，他也不會來求助；但如果他知道該怎樣做卻又沒做，就是有拖延問題。如此看來，其實大部分人都有廣義的拖延症。

拖延也分許多種，每一種都有各自的理由。一個人拖延得越嚴重，代表他所需要配重的情境就越艱難。也有比較特殊的拖延，比如大多數人在即將進入非常危險或未知的情境時，一定會想方設法拖延到最後一秒。

拖延有理？一拖再拖的五大原因

有人在生活各方面都會拖延，早上該起床時就賴床，晚上很晚了又拖著一直不睡。哪怕是有人發錢，他也會懶洋洋的，不想去領。

如果是上述的情況，我們有理由懷疑這類型的人存在一些內在的、隱密的憂鬱情緒，這種憂鬱不一定到了可以稱為憂鬱症的程度，但它會降低人的內在活力，如此就會很自然出現廣泛性的拖延。如果只是在某一類事情上拖延，那就有必要研究一下，為什麼這個人並非在所有的情境下都處於拖延狀態。

每一種拖延都有一定的道理，也就是「拖延有理」。人類和大部分的動物不同，大部分的動物不會拖延，牠們想做什麼就會去做。拖延這件事，需要大腦複雜到一定程度才能完成，比如能夠估算當下正面臨什麼樣的情境，這個情境裡存在著怎樣的挑戰，目前有多少資源，運用資源應對挑戰的勝算如何……等。經過這樣一番沙盤推演後，才會認為自己可以延遲些再採取行動。

所以拖延其實是一種比較高級的防禦機制，它需要將多種比較簡單的防禦機制組合起來才能進行。

與其試圖解決拖延，不如先找出拖延背後的問題與情緒，才能徹底根除拖延症。

理由一：無法捨棄之前的生活狀態

拖延有個實實在在的好處，就是只要你不做，就保持了一種連續性。這種連續性是個舒適圈，對於一些人而言，哪怕是將要被升遷、要到不錯的地方旅行，又或是能實現夢想，也是對連續性的打斷。即使這種連續性只存在於他的幻想中，也一定要加以維持，所以拖延可能包含了一個人無法割捨的某種問題。

此外，不同的人對打斷連續性的接受程度也有所不同。有些人對連續性會有非常執拗的要求，比如換一張床就會睡不著，換個地方吃飯就會水土不服；而有些人在這方面就沒那麼敏感。

理由二：害怕成功

一個人如果成功，除了會失去上述所說的連續性之外，別人對你的期待和要求也會隨之提高，如果你無法承受這樣的壓力，為了不成功，就會一再拖延。

理由三：害怕失敗

另一個跟害怕成功完全相反的原因，那就是害怕失敗。這類型的人擔心，如果做某件事失敗了，別人就會認為自己能力很糟。但如果一直拖到那件事期限已到，不需要做了，或被別人做了，自己就不會被別人認定為失敗者，因為「我只是沒做，而不是做不好」。所以，如果特別害怕失敗，也會造成拖延。

還有一個更糟糕的原因，就是已經認定自己就是個失敗者，甚至最好大家也都認定自己是個失敗者，這就是一種連續性，你可以繼續維持原狀，安全待在原地不動，並且覺得舒適安逸。

理由四：對討厭的人或事進行被動攻擊

如果攻擊是主動的，可識別度會很高。比如，一個人大聲叱喝甚至是辱罵別人，對方可能馬上會被誘導出憤怒的情緒，衝突立即爆發。但被動攻擊不同，它可能需要一段時間才能被發現。

例如，你交辦的事情我就是遲遲不進行，非得拖到最後一刻才勉強完成，因為我對你有成見，我不想讓你稱心如意，所以就一直拖延，讓你處於不利之中，或拖累你。在這種情況下，我沒有主動攻擊你，但藉由拖延你交付給我的事情，間接地攻擊你，這樣我的目的就達到了。

這種拖延通常被精心計算過，對方一定會在工作的截止日期前臨時抱佛腳，將工作盡速完成，但品質正好達標，低空飛過門檻。因為如果任務不過關，那他之後就沒有被動攻擊的機會了。如果你是這種下屬的主管，你可能總是處於被攻擊的狀態，會覺得很不舒服，但又挑不出對方特別嚴重的問題。

理由五：要做的事不符合自己的價值觀

如果你被要求去做的事，甚至是你要求自己做的事，和自己的價值觀不符，你的內在就會不斷釋放抗拒的信號。

或許你也不清楚自己的價值觀是什麼，但你可以藉由觀察自己拖延的事情，來反推自己的價值觀。比如一個內向的人，如果把他放在一個需要不斷和人溝通、打交道的位置，他可能就會出現抗拒和拖延，因為這個工作需要做的事和他的價值觀不符。

也就是說，雖然我們知道自己要做某件事情，可是我們的價值觀卻不認同這件事，兩者之間就會出現矛盾，我們的內心就會抗拒這件事或者拖著不去做。

從正面角度看拖延

一提到拖延，大家首先想到的大多是一些負面的影響，但透過上述分析拖延的原因，我們可以慢慢瞭解自己，這樣看來，拖延也有積極且正面的效應。此外，拖延也會使可能出現的危險情境被一再延後，提醒自己要三思而後行。

一個人在形成三觀（人生觀、價值觀、世界觀）的過程中，會不斷進行嘗試，並在嘗試中思考：人生的意義是什麼，如何讓自己的生命能量全部投入到真正對自己有價值的事情上。所以，這些拖延現象在冥冥中為他保駕護航，使他朝著最合適的方向發展。

如果你早就過了形成三觀的時期，卻仍常有拖延的行為，那就要好好地想一想，你究竟認為什麼事情是有價值、肯定不會拖延的。

拖延現象其實是個自我覺察的機會。從拖延心理學，我們可以重新理解自己，並透過自知與自覺，做符合自己價值觀的事情，這樣我們才會清楚自己究竟想要什麼，並主動採取行動，而不是被人推著走。

自我封閉是心理的防禦機制

自閉在作為防禦時，是由人主動選擇的，並不是指真正的自閉症。現在大家對自閉有了更多的瞭解，知道是神經系統的發展障礙，主要的特徵是在人際互動及溝通能力上具有障礙。

有些人似乎有種偏見，他們認為只有外向性格才算健康的人格，事實並非如此。有些人的精神能量天生更專注於內在世界，他們只是性格內向，也不存在自閉症的問題。雖然他們的內向性格在某種程度上具有防禦的作用，但專注於內在世界對他們而言，是一種非常正常的現象，絕不是防禦。

人的自我封閉防禦是一系列防禦方式的組合，而不是單一的防禦方式。而且自閉防禦不是戰鬥，並不是讓你躲到堡壘裡，然後伺機攻擊別人；也不是逃跑——其實它已經完成了逃跑的階段；更不是僵住，因為它並沒有關閉自己的情感與感知。

一個人處於自閉防禦狀態時，他的情感可能仍然是很敏銳的。這些情感就像是一種在不合適生長的條件下會形成芽孢[3]的細菌，看起來彷彿停止代謝了，可是它的生命物質會完好無缺地保存在芽孢裡，芽孢表面有一些可以探測周圍環境的蛋白質，一旦發現環境適合生長時，它們就會重新分裂，讓自己「活過來」。

所以，自我封閉的防禦是指生物在某些萬不得已的情況下，犧牲活力以及與外界的接觸，來換取比較穩定的恆定狀態。這種恆定狀態雖然看起來死氣沉沉，卻是保存生命力的重要機制。

避免與人眼神接觸

一般來說，我們在和別人說話時，眼睛會看著對方，有眼神的交流。但在我的諮商經歷中，有一類來訪者很害怕與人有目光接觸，面對心理諮商師時也不太敢直視對方。這是因為人們會透過避免眼神接觸來保護自我，防禦脆弱的內在，免於他人的刺探。

我在研究這個現象後，將之歸納為以下四種不同的原因：

原因一：害怕會吸收負面情緒

他們在看著諮商師的眼睛時，彷彿感覺在被批評或指責；一旦把目光轉開，這種感覺就消失了，這代表他們害怕吸收某些負面情緒。

原因二：害怕會顯露不好的想法

他們自覺很骯髒、很齷齪、很糟糕，如果看著別人的眼睛，這些不好的想法就會傳給對方。為了不污染別人或是不被別人看到自己的陰暗面，因此他們就轉移視線，不敢直視對方。

原因三：害怕被發現自身的優點

有些人會將自身的一些優點視為祕密，這些祕密與羞恥無關，而與自己的優秀有

---

3 又稱內孢子，是細菌的一種特殊休眠狀態，對惡劣環境有強烈的耐受性，待細菌處於適合生長的環境，芽孢就會萌發大量增殖。

關。這類型的人覺得，如果對方看到自己的優秀之處，可能會對自己不利。

或許很多人完全無法理解這種防禦方式，怎麼會有人怕別人發現自己的優秀呢？但所有的防禦都是有道理的，他們一定是以前在這方面吃過虧、受過傷才會這樣做。

原因四：害怕感受到正面情緒

這種類型比較難理解。雖然他們知道你看他們的目光是和善的，甚至是共情的、慈悲的，但他們無法承受這些正面的情感，溫暖的眼神會讓他們覺得自己消失了、不存在了。

照顧你的內在小孩

心理諮商師的工作就是這麼奇妙！他能透過心靈的窗戶，看到另外一個「世界」，那裡可能藏著一群小孩，他們有各式各樣的經歷、故事與不堪回首的過往。

如果與人保持一段距離，內在小孩就可以安全地待在某個舒適的地方，這就是人們會出現自我封閉防禦狀態的原因。日常生活中人們並不容易發現這些人有什麼特別，因為這些人會發展出一種能適應外在世界的方法。

比如開會時，他不會看著別人的眼睛，而是把視線放在對方的雙眼之間，而對方也不會察覺。這樣做的好處是，別人會覺得他看起來很正常，與人互動時也很自然。

從正面角度來看，他的適應性完全沒有降低；但從負面角度而言，如果適應外在世界的方法發展得太順暢而形成一個「適應層」，會讓他習慣性地拒絕進入親密關係，他的內在世界就失去了與別人產生連結的機會

其實自我封閉的代價之一正是孤獨。在這種防禦機制下，其內在需要和他人接觸的部分是無法得到滋養的。

對大多數人來說，孤獨非常難以忍受。然而，為何人要把自己的內在隱藏起來？這是因為他啟動了投射防禦機制。他覺得別人可能會入侵自己精心保護的內在世界，打亂他的恆定狀態，或者毀掉他熟悉的感覺。

這樣一來，如果他長期處在一個足夠穩定的環境中，保持他的舒適層，並在這個舒適層裡持續投射，那麼他人生中能遇到的機會將越來越少。

如果因為某些打擊或突如其來的變故，他的舒適層出現裂縫或消失了，他就會每

天都覺得好像有什麼地方不對勁，會很想逃離這種異樣的感覺，或重新建立自閉防禦。處於這個階段的人既渴望與他人接觸，但與他人接觸時又會感到不適，因為和外界接觸增加了他保持恆定狀態的難度，這種恆定狀態被打破的感覺會讓他恐懼，也會降低他的存在感。

面對這種恐懼，一些人會一步步地退縮，然後徹底把自己隱藏起來。很多有心理疾病的人都會有一段社交的疏離期，他們會漸漸從社會中隱退。在周遭的人看來，可能覺得他們只是和平常有點不一樣，覺得「這個人怎麼最近越來越懶，都不出門了」或「這個人怎麼不去工作」。其實，這種表現證明他們在迅速退回自己的世界。當防禦心理發展到這種狀態時，就已經遠遠脫離適應性的範圍，幾乎可以斷定為病態了。

如果我們自己能有所察覺，發現問題其實並沒有自己想像中那麼複雜，那麼我們可以將修復自己所需要的暫時性自閉視為積極的閉關。在人生的很多階段，其實都需要主動做這樣的自閉，藉此恢復恆定狀態，重新進入舒適圈，然後再以舒適圈為基礎，繼續出發。

只要夠理智，就能解決情緒問題？

在這篇文章，我要解析的這套防禦機制都與「理性」有關。「理性」這個詞常帶有稱讚之意，「理智」、「理性」通常也是形容一個人的積極特質。

正因為社會層面對理性有著這樣的印象，所以很多人在使用這套防禦機制時，可以做到自我協調，也就是說，他覺得自己本來就應該這樣做，身而為人，當然就應該理智，與人溝通就該講理。但這種想法其實會為他的生活帶來很多麻煩。

通常我們講理智時，都會將之和情緒相對應。用情緒化形容一個人多半帶有貶義，因為它會讓我們聯想到歇斯底里的畫面。可是如果認為情緒和理智是對立的，理智或理性難道真的就是可靠的嗎？

以下，我們就先瞭解有哪些以理性取代感性，避免感知自己情緒的防禦機制。

理性防禦機制之一：合理化

我們大概在四、五歲時，就知道該如何將事情合理化了。當孩子犯了錯，你想要唸他一頓時，你會發現他能把自己的錯誤論證得似乎很有道理，這其實就是合理化的典型表現。

人的大腦喜歡有秩序的東西，但如果某些東西的確存在矛盾，這時大腦會自我說服，讓你在腦海中將其合理化，給它一個補充說明，證明在那種情況下自己的做法是正確的。

一般來說，如果我們當面指出一個人的不合理之處，對方的反應多半都很難坦然承認自己有欠考慮，但有些人會更進一步利用縝密而細膩的論證邏輯，以保護自己免於感受衝突或羞恥，但這種合理化的結果當然無法使對方信服，也或許其實當事人內心也認為這件事情並不像自己說的那麼理所當然。

理性防禦機制之二：隔離

隔離是一種重要的理性防禦機制。如果一個人遭受與情感有關的危機或障礙，有一種處理方法就是使自己與情緒方面的脆弱、混亂，乃至崩潰之處相隔離。

所以你會看到有些人雖然經歷了一些比較重大的變故，但看起來情緒仍很穩定，彷彿這件事和自己無關。在外界看來，可能會認為這個人很堅強，但其實這是因為他們沒流露出與情境相對應的情緒，這通常就是採取了情緒隔離的結果。

當一個人啟用隔離的防禦機制，通常意味著他的內心其實難以承受那種情緒，否則就無須迅速築起一道牆。所以這種隔離的方式就是在告知外界：我無法面對，拜託你也不要碰它。

如果因為突如其來遭遇某種情況，對事情進行隔離其實是種比較積極的防禦機制，因為人們要保持自己的恆定狀態，才能進一步處理與解決問題。

托爾斯泰曾說：「所有幸福的家庭都是相似的，而不幸的家庭則有各自的不幸。」有些人的童年糟糕得超過最優秀編劇的想像，如果一個人在生命早期就經歷太多的不幸，那麼他幼小的心靈會選擇以怎樣的方式來處理這些洪水般的情緒呢？隔離會變成了一種他習慣的方式。他們可能正常地長大，認知功能也沒有受損，看起來就與一般人無異，但當你和他近距離接觸後，會發現他好像沒有什麼情感。

當他進入親密關係時，即使不是情愛的關係，也會遇到問題。因為每一種親密關係都會面臨情緒的擾動，即使是正向情緒的擾動，在那些習慣使用隔離的防禦機制的人看來，都是一場劫難。

隔離一旦變成固化而長期的應對策略，就會對一個人的自我認知產生障礙，他們會認為自己的一切都是正常的，也不需要有情感。

理性防禦機制之三：超理智化

隔離通常和理智化的機制配套使用。你會發現有些人，不論你和他們談什麼，他們首先就是處於隔離狀態。此外，他們還會列舉許多很有道理的理論回應你。例如，你和他談論創傷事件，他會馬上說出創傷分成A、B、C三種理論；你和他討論人們可能使用理智化的防禦機制，他可以立刻告訴你，理智化的防禦機制是在某年由誰首先提出來的。

這樣的人就像一台理論的影印機。如果他只是在理智方面比較強，這種超強的理智可以成為優勢；但如果他整個人都已經化身為理智功能，這其實是很糟糕的。

我曾經認為，如果一個人從事對理智要求比較高的工作，這個人應該會比較理性，但後來我發現並非如此。我曾經在某大學名校的學生心理諮詢中心工作，我觀察到主修不同學科的學生都可能存在各式各樣的心理問題或障礙，即使像哲學這種非常偏向邏輯的專業，也有很多處於理智化防禦狀態的人。

這一類來訪者給我的感覺是：他來諮商並非想獲得有關自己的認識，因為他好像已經可以很充分地認識自己，從古至今的各種理論似乎沒有他不知道的，彷彿他來諮商的目的，只是要與你探討某種理論。

這種過分使用理智的行為，就屬於超理智化防禦。當這樣的人陷於某種情緒困擾時，他們會透過閱讀尋求解決之道，並按照自以為正確的方法行動。從某種角度來說，這種應對方式就像是個程式或機器人。

比起「理智」，我們更該勇敢面對未知的情緒

對有些人來說，合理化、理智化乃至超理智化這三種防禦機制已經變成「防禦套餐」，充分運用在自己的體驗和情緒上，他們用這些牢不可破的城牆，把自身的情緒牢牢封閉起來，這其實是非常錯誤的理論使用方式。

我們的認知、行為和情感會與我們的關係錨定[4]，所以你不能把屬於理性的東西從行為、認知和關係，乃至其所在的系統中分離出來單獨處理。儘管這種方法好像能讓我們獲得局部且暫時的掌控感，但這種虛假的掌控感可能會讓我們不再關心內在的情緒。

當我們無法和自己內在的情緒接觸時，我們的體驗就會失去完整性。而體驗是我們最基本的學習途徑，我們在嬰兒時期、幼兒時期的所有學習都是在某一個場景中、在與一個或幾個密切接觸者的接觸中基於體驗完成的。

隨著我們熟悉理論性質的學習，就會逐漸忘掉或摒棄從體驗中學習的方式。所以這類來訪者在尋求幫助時，既不願分享自己的體驗，也不願與心理諮商師形成一種共

同的、從未有過的體驗。從這個角度來說，理智化的這一系列防禦，其實和上一篇文章提到的自我封閉防禦相輔相成，兩者有種「你負責築城，我負責守城」的關係。這些防禦都是針對自身，雖然不能說它們是錯誤的認知，但也都只屬於片面的認知。

真正的認知必須勇敢面對未知的情緒，走進自己的內心，而不是讓自己的理智盲目地發揮作用。我希望大家在看這本書時，也注意不要把這些內容當成來自權威人士的理論。如果本書能夠指引大家勇於體驗自身的感受，敢於放棄或思索自己的各種標籤，比如：「我是一個憂鬱症患者」「我是一個內向的人」「我是一個……」，我想你一定會有所收穫。

4 我們在進行決策時，最一開始的資訊（稱為錨點），會對我們的決定有很大的影響。我們也可以用「第一印象」來解釋，第一印象就是一個被沉入海底的「錨」，把思維固定在某處，之後的決策也會受到第一印象這個「錨」的影響。

第三章

自在：擺脫情緒困擾，讓情緒自由，自己自在

為了使防禦系統變得更靈活，我們還是要回到所要防禦的內容——情緒。

我們感知到的情緒，總是會在我們還未覺察時就受到某種文化的調節，而我們想瞭解自己真正的情緒，就需要繞開這些調節，直接體會這些情緒對我們意味著什麼，看清表層情緒下的情緒叢林，才是發展情商的核心。

恐懼、焦慮、脆弱、絕望、悲傷等負面情緒如何影響我們的行為？我們要如何轉化自己的情緒，找到解藥？當我們讀懂了自己的情緒，我們的內在世界會變得光明，情緒不再輕易被他人左右，我們的行為、處世方式也將更得當且圓融。

每種情緒都是你！正面接納，瞭解完整的自己

光譜是光的各種顏色分布，除了包含紅橙黃綠藍靛紫我們看得見的顏色之外，還有一些看不到的顏色。

人的情緒也是如此，有看得見的部分，也有看不見的部分。但和自然界的光譜不同的是，透過適當的訓練，我們就可以覺知那些不可見的部分。

我們在上一章討論過防禦。人為什麼要費盡心思搭建各式各樣的防禦系統？因為我們所防禦的都是被標記為「消極」的情緒，比如焦慮、悲傷、無聊等。當一個人的防禦系統用得很刻板時，他的人格就會變得僵化。為了使防禦系統變得靈活，在此我們還是要特別討論一下情緒。

你的情緒由文化背景決定

一般來說，我們會認為情緒具有干擾性，例如會干擾認知、干擾判斷，使行動偏離軌道。當我們說一個人情緒穩定，大多是指這個人看起來沒什麼太大的情緒起伏。

但人的行為確實也會受到情緒的影響。「情緒」一詞的英文是emotion，也就是「使之動」的意思。我們所產生的各種情緒就像自然界多姿多彩的花朵，我們為不同顏色和品種的花賦予不同的文化，比如玫瑰、康乃馨適合送給女性；黃菊花、白菊花通常用於憑弔逝者……文化因素會使不同的花朵具有不同的意義。

可是如果拋開文化框架，花朵還會具有代表那些約定俗成的涵義，讓人產生與之對應的情緒嗎？並不會。例如一個孩子在看到黃色或白色的菊花時，就未必會聯想到死亡。

我們所感知的情緒會受到文化的影響，所以我們要避開這些影響，直接體會真實的情緒。文化喜歡積極的情緒，就像我們喜歡明亮、鮮豔的顏色；文化不喜歡消極的情緒，就像我們不喜歡陰暗、沉悶的色彩。所以，我們不喜歡悲傷，希望自己或他人都盡可能充滿正能量。一個人如果感到悲傷，即便這種悲傷是有原因的，比如他最近才剛失去親人，但只要他悲傷的程度和時間讓周圍的人感到不舒服，便很容易被貼上「消極」的標籤，甚至被認為有創傷後壓力症候群。

每個人都需要擁有感知情緒的能力，就像即使我們不知道一種花的名字，也可以體會到它的美麗和芬芳。自然界有許多不同顏色和種類的花，我們的內心也存在各式各樣的情緒，有一些是基本情緒，還有一些是混合而複雜的情緒。

通常我們都喜歡單純的情緒，不喜歡複雜的情緒。就像許多種顏料混合而成的顏色通常是黑色的，如果我們有著非常複雜的情緒，那麼情緒感知起來也會像黑色的花朵一樣不討喜。

當我們剛感知到一些複雜的情緒時，通常的反應就是遠離、不觸碰。我們可能會使用之前提過的那些防禦機制，如合理化、隔離、超理智化等；或者把這種情緒投射到外界，認為不是自己擁有這樣的複雜情緒，而是這個世界太複雜了。然而，如果不能識別自己的情緒，勢必會一直陷在情緒的困擾中難以擺脫。

走入情緒叢林，發現核心情緒

一個人表面的情緒，有時並不是他真正的情緒，因為我們在某個情境下體驗到的某些情緒中，會有一種核心情緒。如果把複雜的情緒比喻成同心圓，而一個人在這個情境下體驗到了憤怒、沮喪、悲傷、失望、討厭、逃避、麻木等情緒，那麼你可以讓他依序分別體驗這些情緒，看看哪一個處於核心位置。

比如他可能發現在最中心位置的情緒是悲傷。因為無法把處於中心點的悲傷推開，所以悲傷會一直存在。在悲傷的外圍可能是恐懼——對悲傷的恐懼；然後可能是厭惡——對恐懼的厭惡。在厭惡的外圍更可能有無力感，無力感的外圍或許還有失落感，因為他之前一定感受過相對平靜或快樂的情緒，但現在失去了這些正向感受，所以會感到失落。

綜合以上所述，處於圓心位置的情緒就是核心情緒。若我們看不到自己表面情緒下的核心情緒，將無法看到真相，也很難找到問題的解決辦法。而核心情緒的周遭會存在很多由個別情緒組成的「情緒叢林」，它們就像許多樹叢一樣擠在一起。若我們想接納這些情緒，通常要從我們的周遭開始，因為周遭情緒離我們的意識比較近，更容易感知。藉由對周遭情緒的感知、識別和接納，我們會逐漸找到核心情緒。在這個過程中你會發現，每一層情緒其實都會有一套防禦機制，發揮支撐和穩定的作用。

假如我們已經對自己處於某個情境時的情緒叢林有所瞭解，那麼之後當我們再度面臨同樣的情境時，我們的情緒叢林是否會與這次相同呢？答案是不一定。例如這次悲傷占據核心的位置，可能下一次就會是憤怒占據了核心位置。

我們對情緒叢林的回應速度和覺知速度的快慢，也就是對這些情緒叢林的判斷，即為EQ（情商）的核心。

有許多標榜所謂「情緒操控術」的書籍，號稱能教你如何辨識或轉變他人的情緒，甚至如何藉由瞭解情緒而控制對方。這類的情感操縱理論頗為流行，但其實相當離譜。

想擁有高EQ，首先要對自己的情緒系統有非常深入的瞭解和覺知，然後逐步試著調節與控制，在這個基礎上，才可以試著疏導和影響別人的情緒。如果我們對自身的情緒一無所知，僅僅學習一些工具性的情緒操控技巧，縱使帶來一時的便利，但更可能會毀掉認知自身情緒的能力。

接納各種情緒，才能認識自己

真正的情緒認知能力代表一種透明的接納。情緒具有複雜性，宛如一道光芒中有非常多種顏色，即便你不喜歡其中的紫色或黃色，也無法把它們從這道光中分割出去。

所以，我們要建立一種平等的情緒觀點，那就是：不否認自身的情緒，才可以嘗試接納自己不太熟悉、不太適應，甚至是令我們感到痛苦和不舒服的情緒。如此，我們的情緒才會變得比較平衡、穩定，進而展現出其內在的豐富性。因為這時我們不會再使用防禦機制阻隔部分的情緒，原本用於阻隔的精力和注意力就可以投入更具有創意的活動中，進而擁有更圓滿的人生。

全然接納自身的正向與負面情緒，就像生活在一個百花齊放的庭院中，多姿多彩的花朵能讓人欣賞並體驗不同花朵帶來的不同心境。

我相信一個人對自己的認識程度會受到他對自身情緒認知程度的影響。如果只為了要變成一個所謂的「正常人」就忽略或壓抑負面情緒，我們的內心最終會變得非常貧瘠。情緒就是深入瞭解自我內心的重要契機，不論外界對所謂穩定或正常的情緒有多少要求，我們都要用心照料自己的「祕密花園」。

隱藏在煩惱下的恐懼和焦慮

每個人的情緒都像是個百花園，雖然各種顏色的花朵爭奇鬥豔，但也總會有一些顏色相似的花。我挑了幾種比較具有普遍性的「顏色」，在此逐一分析。

第一個情緒是「煩」，這是負面振動頻率很強的一種情緒。

「煩」這個字看起來就讓人感覺頭上有火。如果頭上的火是「明火」，那我們可以盡快將它熄滅；可是很多時候頭上的火是暗火，我們不知道起火點在哪裡，別人也看不出來。這樣的煩，我們可能就不知道該如何處理了。

會覺得煩，是因為「你害怕」

我在臨床觀察中發現，造成「煩」的原因通常是「怕」。如果有人跟你說他覺得很煩，你甚至可以直接問他：「那你在怕什麼呢？」

也就是說，煩躁焦慮的背後常意味著害怕和失去，代表我們正在預知某些帶有威脅性質的未來。

煩背後的怕有兩種，第一種是怕「必須做不想做的事情」，這種怕是指看不到自己不喜歡做的這件事情的盡頭。

第二種是怕「無法做想做的事情」，眼前的處境讓我們看不到踏出第一步的希望，我們擔心自己永遠沒有機會去做夢想中的事。

有時這兩種怕會同時存在，也就是想做的事情不能做，不想做的事情卻不得不做。

然而，生活中又有誰能完全只做自己想做的事情呢？要是你問我，我有沒有只做自己想做的事情，我只能說偶爾可以，但沒辦法完全這樣。大多數人多半都被籠罩在一種虛火中，處於一種煩的狀態下。

那麼，究竟我們在怕什麼呢？

一、怕自己消失不見

有一種害怕非常深刻，就是認為自己可能不存在了，瓦解了，消失了。正常人通常體會不到這種怕，所以大家可能會覺得和自己無關；也有些人會說自己有過類似的感覺，但旁人其實難以感同身受。這就像隔岸觀火，旁觀者不一定能體會真正處於一片火海中的人是什麼感覺。

哪些人會有這種極度的怕呢？某些會發作急性精神疾病[1]的人，或是一些罹患急性壓力症的人。只要看一下處於這種狀態的人的眼神，就能感受到他們所面對的深度恐懼。所謂的正常人不太容易體驗到這些，因為整體而言，正常人的生活比例比較平衡。誠心希望大家不需體驗極度的怕，那是種如墜深淵般的恐懼，已經不屬於一般程度的煩了。

1 突然發作的精神病，導致病人失去現實感。

二、有被害妄想症

這種怕是總覺得有人會對自己不利，或者老是擔心自己的健康會出問題，而且是不容易被檢查出來的問題。這兩種情況的本質是一樣的，都屬於「被害恐懼」。如果被害恐懼的源頭是來自外界，就會表現為對他人的恐懼；如果源頭深藏於自身，就會表現為總是擔心自己的健康有問題。

這兩種情形哪種更讓人煩惱呢？答案是後者。如果我們怕的是外界的他人，還可以採取之前提過的自我封閉式防禦，盡可能不與他人打交道，這也算是防禦成功了。但如果我們怕的是自己的健康問題，擔心身體是不是哪裡長了腫瘤，總是懷疑自己罹患了非常可怕的疾病，這種煩惱就很難躲開了，因為自己的身體是無法隔離或自我封閉的，防禦機制幾乎無法應對這種情況。

三、對於分離或變心的畏懼

上述提到的這兩種怕比較原始，相較之下，稍微深層一些的怕是擔心失去與重要的人的連結。有這種擔心的人可以分為兩種類型，一類是在這種想法上比較極端，必須要和熟人在一起才感到安心。他們會恐懼沒有熟人的地方，不論那個地方多麼吸引人。

這種恐懼感非常強烈，比如他們在需要出差時會很煩躁，總會忍不住想著能避免出差的各種方法。如果逼不得已還是得去，即使是住在很棒的五星級飯店，他們也會翻來覆去睡不著，這其實就是一種分離帶來的煩。

另一類人則可以暫時與親密的人分開，但他們總是擔心對方對自己的感情不在了，不愛他了。如果他發訊息給對方，對方一定要立刻回覆，要表現得非常關心他，隨時像他所期待的那樣做出回應，否則他就會展開各種想像：對方心裡是不是沒有他了，是不是不在乎他了……接下來他可能就會把焦點轉向自己：我是不是不好，是不是沒有什麼價值，是不是得罪了對方卻完全不知道……在對方回覆之前，他可能一直會陷在這樣的循環中，總是覺得焦慮和不安。

這樣的人無法確定別人對他的態度。你可能會疑惑，如何分辨「分離」的煩與「擔心感情不在了」的煩呢？很簡單，如果一個人傳了訊息，對方沒有回覆，他擔心的是對方是不是出事了，那就是分離焦慮；如果他擔心的是這個人變心了，那就屬於擔心感情不在了。但有時候，一個人的煩也可能同時包含這兩種類型。

四、擔心「失去」的煩躁

還有一種煩，是擔心失去對我們而言很重要的特質或素質。

有些人很擔心會失去自己賴以生存的才華，例如歌手一定很在乎自己的聲音是否完美，如果覺得自己的嗓音有變壞的徵兆，就會惴惴不安。

也有些人會擔心自己的性功能，因為這是他自尊體系的重要組成部分，如果性功能衰退了，等於就失去了一個對自尊無比重要的能力。

實際上，不論是男性或女性都可能會有這種情況。一些女性在更年期狀態下會很煩躁，就心理層面而言，可能就是隨著生理期逐漸變得不規律，她覺得自己快要失去女性功能和女性魅力了，因此會非常煩躁。

五、道德層面的心煩

還有一種煩，是來自道德層面的自我要求。有些人有「要做好人」的道德理想，但實際上要做一個在各方面都被讚許的好人很困難，你能做父母心中的好人，未必能做主管心目中的好人；能做主管心目中的好人，未必能做配偶心中的好人；能做配偶心中的好人，也未必能做孩子心中的好人。

所以，道德方面這種自我要求常是自相矛盾的，因為你也不知道如何才能做一個完美的人，這就會讓人左右為難，也很內疚，處在這種狀態當然會很苦惱。

檢視你的恐懼系統

生活中常常有太多的不如意，所以讓我們害怕的東西實在太多了：擔心事情失去掌控、擔心無法應對煩悶的情緒……等。當我們試圖利用一些行動（如大吃大喝）應對這些情緒時，這些行動反而會讓我們更失衡。就像你必須對一個搖搖欲墜的體系進行配重時，會發現如果維持原狀還沒事，一旦試圖分配後它突然就坍塌了，行動的結果適得其反。

所以，如果想面對幾乎生活中無所不在的煩，我們需要檢查自己的恐懼系統：我們真的可以做到勇者不懼嗎？真的能夠勇敢面對任何情況嗎？

如果你害怕的東西在明處，那還有一些辦法可想；但如果你怕的東西躲在暗處，那你會拿它沒辦法。我發現很多人的煩都包含了他對過去一些舊的、藏在暗處的某些事情的煩，這些煩破壞了他對當下的覺知。當大腦應對不了某個情境所產生的煩躁情緒時，除了當下的這一層煩之外，我們內在還有很多以前所累積的煩，這些煩一層層往外堆疊，最後呈現煩的程度，會比當下面對情景所產生的煩的程度大得多。這麼一來，局面就更難處理了。

所以我們要好好探索，深藏於內在那些過去的「煩」、過去的「怕」究竟是什麼。如果不加以釐清，它們最終就會顯現出來，你的煩惱將永無止境。因此，如果日後再遇到讓你焦慮不安的情境，要珍惜這樣的機會，仔細觀察自己的內在是不是有一個很無力的、當年的自我，帶著所有的害怕冒了出來。

憤怒是為了掩飾脆弱

完全沒有憤怒情緒的人是不存在的。生活中我們總是在接觸自己和他人的憤怒，接觸自己意識到的或意識不到的憤怒。

憤怒的能量也是所有情緒中最強而有力的，以至於光是聽到「憤怒」這個詞，可能就會讓我們覺得不舒服。

盛怒VS.鬱怒

一般來說，憤怒是外顯的。形容極度憤怒的常見詞彙叫作「盛怒」，有些人似乎每天從早到晚都處於盛怒的狀態，可能從他起床開始，起床氣這種憤怒的形式就緊跟著出現了。這樣的人不一定能意識到自己處於這樣的狀態，可能對他們來說這就是常態。但由於他們憤怒的信號非常明顯，別人通常都能感知到，所以人們應對這種人的態度多半是「惹不起，躲得起」，遠遠避開才是上策。

另外有一種怒比較隱晦，當事人和身邊的人都不見得能有所察覺，這種怒叫作「鬱怒」。你從對方的表情不一定能看得出來，除非你對氣場比較敏感，比如你每天都在有意識地覺知它，那麼在遇到這類型的人時，你就會隱約感受到。

鬱怒的缺點比盛怒更大，因為自己和他人都沒有意識到怒的情緒。你可能覺得對方哪裡怪怪的，但並沒有把這種怪往「怒」的方向想；而鬱怒的當事人也沒有意識到自身的怒火，所以他不一定會有意識地調節它，因此他可能一年三百六十五天有三百天都是處在鬱怒的狀態。

鬱怒比盛怒更傷身，身體很容易出現一些結節，甚至是腫瘤。這是因為有一股氣悶在身體裡，時間久了就會對身體產生不良的影響。

雖說鬱怒通常不易覺察，但小孩子甚至嬰兒，會對一個人是否處於鬱怒的狀態比較敏感。如果一個小孩由鬱怒的人照顧，這個孩子可能就會出現一些莫名其妙的驚慌。

鬱怒雖然不太容易被覺察，但它也有獨特的呈現方式，那就是夢境。鬱怒的人在做夢時，夢中的憤怒者不見得是他本人，他可能會夢到有人拿刀砍人，周圍的人都被嚇得四散奔逃的場景。醒來他會覺得很奇怪，自己怎麼會做這種夢。

我們前面提過的「配重」可以解釋這種情況。當一個人的鬱怒累積到非宣洩不可時，就會在夢中塑造一種東西替自己宣洩，這個東西為他生活中的情緒失衡提供重新分配的比重。所以如果你覺得自己不是那種容易生氣的人，卻經常夢見一些憤怒的事情或場景，這很可能就是你存在鬱怒的徵兆，你需要留意自己的情緒。

對他人的怒VS.對自己的怒

憤怒大多是針對別人，目的是向別人傳遞一種界限的警告信號，代表保護自己的領地。有些動物在被威脅後也會表現得特別憤怒，似乎在說，你要是再向前走一步，我就要攻擊你了。這種針對別人的憤怒很容易理解，你可以將它理解為動物在進化過程中保留下來的保護自我或領地的工具。

但也有一種憤怒指向自己，它是一種自我憎恨，自我憎恨在達到一定程度時，可能就會變成自我攻擊，程度嚴重的人，還會有自殘等行為。指向自己的憤怒有極大的危害，以至於很多身心疾病的源頭其實都是因為經年累月生自己的氣。如果我們不能發現對自己的憤怒，人生可能就會一直在那個困境裡原地打轉。

為什麼會對自己產生憤怒呢？如果追溯我們的成長史，往往會發現其根源在於有人向我們傳達過這樣的憤怒，我們感受到他人憤怒的威力，因此產生了恐懼，於是在成長過程中會有意無意地把這個人的怒意轉移到自己身上，把對方合併到自己的體系裡。即使這個人不在我們身邊，甚至已經去世，我們也依然會用這個人的視角審視自己、懲罰自己。因此，我們一定要慢慢找出隱藏在自己內在的這個人。

一般來說，如果我們產生了憤怒的情緒，身體就會有所表現，比如肌肉緊張、身體僵硬等。你可以做個實驗，請身邊的人看你能不能以一種舒服的姿勢睡覺。如果你睡覺的樣子都像是在防衛，就代表你的身心的確處於一種隨時應對憤怒或攻擊的狀態，此時我們就要留意自己是不是一直心懷憤怒的情緒，只是自己沒有發現，而且在這種情況下，你的睡眠品質一定也不好。

還有一種應對內在憤怒的方式，就是用你身邊的關係進行配重。也就是表面上看來，你並不憤怒，但你故意讓你身邊所有人都對你很生氣，很討厭你，這代表其實你內心仍有怒氣，只不過你把這部分的憤怒投射到了外界，被別人吸收並呈現。

撥開憤怒，療癒底層的脆弱

那麼，憤怒的背後究竟是什麼呢？

憤怒往往是為了掩蓋脆弱的情緒。通常體型龐大的動物，很少會表現出憤怒的樣子。例如大象，牠的體型比較龐大，天敵很少，所以無須總是擺出一副防衛的姿態。但一些體型小的動物就經常會表現得很憤怒。我曾幫朋友暫養過一隻小博美，牠的脾氣就很壞，你的很多行為都可能會被牠理解為不懷好意，牠非常愛對人吠叫。這種狀態會導致一個直接的壞處：如果你總是被理解為不懷好意，最終你可能真的會不懷好意。這樣的循環只要開啟，牠就會更加明確地產生防衛心理。

有些人的脆弱是先天的，這可能是因神經方面的某種敏感性乃至超過敏所致，也可能是因為他童年時期建構的依戀系統比較脆弱，例如小時候沒有獲得很好的照顧，所以比較脆弱；還有人是因為遇到了創傷性的事件，這些事件打破了原有的防衛系統，讓他變得易怒。

所以，要正確認識和對待自己的脆弱。如果我們天性就比較脆弱，首先要承認和接受這一點，不要無視它的存在或總是遮遮掩掩，因為這會使脆弱無法被修復。而別人由於完全意識不到我們的脆弱，因此很容易在無意中傷害我們。

如果脆弱是由於依戀系統的不穩定所造成，那就需要我們在之後慢慢學習如何重新和他人建立安全的連結。但要做到這一點並不容易，也正因為不容易，所以心理諮商與治療才有存在的必要和價值。

如果是劇烈創傷帶來的脆弱，則需要我們用心且細心地處理。沒有人會希望這種脆弱長期持續，因為這種脆弱會提醒身邊的人，他們是無能、無力、無助的。所以大家很容易形成一種默認的共識：脆弱的人必須立刻變得堅強，生活也應立即步入正軌。

這樣的人在「恢復」後，內心一定會有鬱怒，他們會覺得「你們一直催我要趕快好起來，所以我不得不表現出正常的樣子」，因此對別人產生鬱怒。另外，也因為錯過了一次好好自我修復與照顧的機會，對自己的鬱怒也會隨之而來。

如果這樣的鬱怒持續發酵，下一次即使遇到程度不是很大的創傷，也會再次揭開他的傷疤。所以如果想克服脆弱進而避免憤怒，就要承認和接受我們的生命的確比較脆弱，我們的心理也沒有自己所想的那樣健康。

當我們的心理因遭受某些影響而變得脆弱時，我們應該像受傷的野獸一樣，找一個僻靜之處舔一舔傷口。只有這個傷口真正痊癒了，我們才不至於對自己產生憤怒，也不會因為曾經受過的傷害而變得無法信任別人，進而產生鬱怒或盛怒。如何讓自己變得真正強大，是在憤怒背後我們需要思考的問題。

指責的背後是絕望

指責往往和憤怒相關。人的憤怒很容易引發出指責，但指責比憤怒更加外顯，它的殺傷力和後座力也都比憤怒大得多。

然而我們又很難擺脫這種「殺敵一千，自毀八百」的糟糕交流法，因為即使你不想指責別人，別人也可能會指責你。

指責VS.被指責

一般來說，一方發起指責時，另外一方或許會立即反唇相譏，也馬上指責對方；又或者默不作聲，但沉默並不代表接受指責，他可能是在透過沉默傳遞一種訊息——「我就暫且先隱忍，畢竟君子報仇三年不晚。」

在家庭諮詢或家庭治療中就經常會出現指責的情景，而且會引起如爆竹般的激烈反應，孩子甚至也會加入父母的相互指責之中。

身為諮商師，有時我們會使用「雕塑技術」，讓當事人更明確感受到指責，也就是請輔助參與者上場假裝是尊「雕像」，並讓當事人幫參與者擺放姿勢。例如指責者拉起參與者的手，指向另外一位參與者，這時諮商師就會詢問被指的人有何感受，而被指的人通常還沒等諮商師發問，就會自己先後退兩步。

顯然即使只是在演戲，當人們面對指責的氣勢時，只要被別人用手指著，就會感受到緊張、迴避或憤怒。而被擺成伸手指姿勢的參與者感覺也不會太好，他的內在往往很絕望，而絕望也會伴隨悲傷，因為習得性無助，會讓他每一次希望都破滅。

「指望」如何變成「指責」？

指責與指望有相似也有不同之處。例如，某某雖然在窮鄉僻壤的鄉下念書，但考上了清華或北大之類的名校，父母就會對他說，他是全家乃至全家族的指望；或者病危的父親把長子叫到床前交代後事時會說，以後這個家就指望你了。成為別人的指望，通常就代表你比較能幹，你比較有價值。

但從某個層面來說，指望和指責其實都代表別人對你的要求，在於你的行為能不能滿足對方的期待，兩者間的差別不過是時間先後的問題。當你被指望要如何做時，如果能達成目標就還好，但如果做不到，那就要等著被指責了。

這些指責和指望可能是明指或實指，有時也會是暗指、虛指。有這樣一則笑話，有個孩子對他父親說，我就等著哪一天繼承你的百萬遺產了，結果這位父親苦笑著回道，我還在等你爺爺的遺產呢。透過這則笑話我想說明的是：有時候指望的始作俑者，不一定是你面前指著你的這個人，這個人的背後可能也有指著他的人。按照這個邏輯，指望和指責有可能會形成一個你無法看見原點的鏈結，這些就是暗指、虛指，這種情況才更可怕。

當被指責的人所受的指責比他對別人的指責要多，他就會覺得特別委屈：「我承受了那麼多指責，現在我只是輕輕指你一下（指責他人），你怎麼就崩潰了。」

相反地，如果這個人不「爭氣」，那他背後又會有多少人對他感到絕望？絕望和脆弱是彼此相連的，脆弱會導致絕望，這兩種感覺堆疊在一起，最終就會導致情緒崩潰。比如，我們很容易把對自己的指望轉移到別人身上。如果父母自己書讀得不怎麼樣，就很自然會為自己的兒女進行配重：「你要有出息，日後我就指望你了。」如果兒女這一代不爭氣，他可能會繼續指望第三代。指望的鏈條就這樣在家族中延續。

這種鏈條不只存在於家庭和家族中，也存在於社會團體中。比如在工作的小組或部門中，成員或部門之間的相互推諉，也是種指望或指責的鏈條。

察覺「指使」的力量

如果我們能用心體會、接納及整合絕望，會不會對別人的指望或指責產生免疫呢？或者，我們是不是可以採取行動，讓指責或指望的鏈條在自己這個環節上斷裂，不再傳遞給下個環節——無論是我們的孩子，還是我們的下屬。做到這點一定很難，否則鏈條早就都被摧毀了。

那麼我們應該怎麼做呢？就是利用前面提過的人際同心圓。同心圓上有很多對你重要的人，你可以選一個重要人物，在同心圓外做一個表，寫上這個人對你的指望，然後再將之分成「明」和「暗」兩欄，「明」就是這個人明白說出來的指望，如「我希望你以後當醫生」，「暗」是他雖然沒有說出口，但你可以察覺到的期望。

如果這個重要人物還在世，你不妨與他驗證你的覺知是否正確。大部分情況下，你會發現自己的覺知是對的。別人的確在暗中這樣想，只不過不太好意思明說。

所以你可以把每個重要人物對你或明或暗的指望或指責列表加以分析，用心體會生活在這些指望或指責下，你有怎樣的感受。你可以反思，在你過往的人生經歷中，有哪些行為或選擇明顯受到了這股力量的推動。而這種力量，就是「指使」。

如果你的人生在某個地方改變了方向，轉了個彎，那一定是受到某種外力所致。你可以思考一下，你現在所處的位置是被哪根「手指」所撥動，如果你還要讓除了你之外的人受益，比如你是別人同心圓中的某個重要人物，他也在讀這本書，他畫同心圓時，你就是他最中間那圈或往外第二圈中的人，你可以思考你向外發出的意願，想想你對別人有著怎樣的指望。

指望往往是相互的，你的父母對你有所指望，相信你也對他們有所期望。你可以仔細想想，這些意願是明還是暗。

那些暗的意願雖然沒有被你說出來，但可能會被你以某種形式表現出來。例如，你可能會在你的家人群組裡轉發一些文章，這難道不是在暗示他們，希望他們學習你轉發的這個故事裡的人物嗎？所以他們也有可能在你的指使下，有一些相應的行動。

悲傷的力量

很少有人會把悲傷視為有力的情緒。此處的「有力」，是指我們可以從悲傷中獲得力量，而這種看法違背大部分人的直覺。

大部分人在形容悲傷時會說，它就像潮水一樣，一波又一波地在升高，最終淹沒了我們；或者它是沒有星光的黑夜，讓你被沒入一片黑暗中；又或者它是一灘污水，散發著腐臭的氣息。

逃避悲傷的三種方式

無論你有多強大的力量，只要你被悲傷捕獲、淹沒，你的力量就會逐漸化為烏有。也正是因為我們在直覺上對悲傷有所防備或抵抗，所以除了一些比較特殊的情況

（例如你原本就處於憂鬱狀態）之外，我們通常不願意體驗悲傷，也會想方設法遠離。以下就是逃避憂傷常見的三種方式。

一、用忙碌逃避

逃避悲傷最常見的方式就是忙碌法。因為悲傷和之前提到的憤怒不同，如果你非常忙碌，悲傷不一定追得上你。所以如果你能把你的白天和晚上都填滿，的確可以做到不感到傷悲。我們會看到有些人時時刻刻都處於一種積極向上、充滿正能量的狀態，如果你問他們有沒有悲傷的情緒，他們可能會直接給你否定的答案。

二、在夢中宣洩

有些人可能比較理性，他們在白天能把悲傷的情緒控制得比較好，但這種悲傷有可能會在夢中出現。有些人能記住自己做過的悲傷的夢，在夢裡哭得很傷心；有些人則記不住夢的具體內容，只記得是個悲傷的夢，從夢中醒過來時會覺得情緒很低落。這些情況就是我們在用夢對自己的日常生活進行配重。

三、容易對他人的悲傷感到難過

還有一種情況，是當事人完全不覺得自己悲傷，卻可以很輕易地感受到別人的悲傷。例如，有的人在看戲劇時，哪怕看到短短幾分鐘的悲傷情節都會流淚，或感覺非常傷心。有時那些遠在天邊、看起來與他們完全不相干的事，也會讓他們難過不已。

這樣的人可能感覺不到自己有什麼痛楚，但其實內心存在很多哀傷。如果他們的內心完全沒有悲傷，是不會有那樣的反應。所以即使一個人不願意體驗自己的憂傷，傷痛的感覺仍會以夢境或是投射到他人身上的方式呈現。

情緒鋼琴的低音區

悲傷是種正常的情緒，它就像鋼琴的低音區一樣。如果鋼琴沒有低音區，能彈奏的樂曲會大幅減少，而且鋼琴聲的層次也會不豐富、不飽滿。

隨著成長，我們情緒鋼琴的音域可能會變得越來越窄。因為我們的社會不太樂於接納悲傷的情緒。以教養的觀點為例，當一個孩子處於悲傷中，父母通常的反應是努力幫他忘卻悲傷，或是給他一些簡單易得的快樂，迅速稀釋悲傷。孩子對這種處理方式的學習是潛移默化的。久而久之，孩子對悲傷情緒的本能反應可能也是迅速將之覆蓋，或用一些非常淺層的快樂將它沖淡。

這樣一來，他的情緒光譜會變窄，情緒鋼琴就缺少了低音區；此外，如果每次面對悲傷時都啟動這種防禦反應，這樣的方式也會消耗巨大的能量，而且這種消耗多半是在當事人沒有意識到的情況下慢慢出現的。

如果我們想更深入與他人交往，就不可避免會經歷他人在我們心中逐漸變得不完美的過程，我們在對方的心中也會逐漸變得不完美，這對自己和對方而言都是一種喪失，喪失就會帶來悲傷。如果你真心投入一段深入的人際關係，一定會經歷這種理想破滅的過程。你會在過程中自然體驗到悲傷。所以如果你視悲傷為毒藥，那麼在人際關係中，你就會下意識地迴避與人進一步接觸，並隱藏真實的自己。

接納悲傷，是種溫柔的自我陪伴

我們在生活中會不斷面臨各種喪失，這些喪失會出現在許多方面，包括親人或是至交的逝去等極端情況，還有一些情況是喪失人際關係、失去安全感和自信心，乃至自尊。而且所有人都必將發生或已經發生的是喪失生活的完整感。

如此多層次的喪失必然會帶來多層次的悲傷。由於我們的社會並不太鼓勵充分體驗悲傷，甚至在正常範圍內的悲傷也是如此。比如失去親人後的悲傷都有可能被認為是創傷後的某種障礙，所以我們會在內心築起一道防線，來抵抗（此處的抵抗是一種有力量的抵抗）這種對悲傷的否認或鄙視。

然而我們需要建立正確的悲傷觀，並給自己一定的時間舔舐傷口。每一處傷口的癒合都需要時間，每個人也都需要屬於自己的療傷時間。

為了防止自己的生活被迫使看起來正常化，或掩飾性的正常化，我們需要自我提醒，恢復正常的生活步調固然重要，但也要為自己留下悲傷的餘地。你可以刻意聽一些悲傷的音樂，觀察在這個過程中，你內心深處的悲傷有沒有被外在的、經過藝術昇華的悲傷所牽引。

悲傷就像是一隻受傷的小狗，當牠聽到同類的叫聲時，可能就會戰戰兢兢地從某個黑暗的角落裡出來，而當牠出來後，可能還會退回去，但沒關係，你要做的只是繼續給牠機會，讓牠再次出現，然後用心體會。

當我們有了接納與整合悲傷的能力，並能逐漸從傷痛中獲得力量時，我們身邊的人定能發現我們的變化，由悲傷轉化而來的力量也因此可以傳遞給身邊的人，你的家人能夠吸收這種力量，你的朋友也同樣如此。所以悲傷的力量是種真實的力量，它甚至遠遠大於完美的力量。

與悲傷相關的情緒，包括失落、絕望、無助等，占據了真實情緒很大的比例。我們的內心本來就有一部分這樣的情緒，生活本來也蘊藏著這樣的可能性，我們需要試著敞開自己的內心，勇敢面對這類情緒的衝擊。

解讀情緒語言，瞭解內心需求

本書中，我有好幾次以「花」為比喻來分析情緒，幾乎每種花都有自己的花語，也就是花的象徵意義，瞭解這些花語可以讓我們在送花時更能表達心意。比如紅玫瑰象徵浪漫的愛情；康乃馨代表溫馨的祝福和真情的流露，在很多時候也和母親有關；黃菊花、白菊花通常與喪失、哀傷、肅穆有關。如果掌握了這些花語，在看到某種花時，我們就可以解讀這種花所傳遞的資訊。

情緒是人類的第一母語

同樣地，我們的情緒其實也是一種語言，但它對我們而言彷彿是種我們不熟悉的外語。因為我們不熟悉它，所以無法充分理解它。但我要告訴大家，情緒這種外語其實是我們的第一母語，只不過當我們學會了一種規範化的語言後，就把我們的第一母語逐漸遺忘了。

試想一下，如果一個小孩生病了，他表現出最重要的特徵和指標就是精神狀態。如果這個孩子還是能玩，願意與人互動，即使他有發燒或是腹瀉的症狀，我們就可以判斷他生病的情況還不至於太嚴重。但如果這個孩子無精打彩，眼神變得黯淡，這時我們就會意識到，他的病情可能比較嚴重了，或正朝著嚴重的方向發展。

之所以這樣分析，是因為孩子還沒有學會掩飾情緒，所以我們可以藉由孩子的情緒判斷身體狀況。而成年人由於已經經歷了夠長的社會化過程，所以逐漸失去了這種直接的情緒反應，導致不僅別人無法透過我們的情緒知道我們真實的身體狀況，甚至連我們自己也漸漸變得麻木了。

當我們想在有他人在場的情況下傳達資訊時，身體可能會有一些動作，並透過這些無意識的動作向對方傳遞資訊；如果沒有他人在場，這種肢體語言可能就會變少，取而代之的是身體的感受，以及感受造成的情緒。

因為情緒是經由感受所衍生，所以它會受到我們認知系統的調節。如果我們要參加葬禮，認知系統就會告訴我們，自己正處於一個莊嚴肅穆的場合，此時即使別人傳給你一張非常搞笑的圖片，你也會抑制笑意。

也就是說，我們會先將「認知」的部分暫放一旁，以「認知融合」的方式來代替更直接的、對自己情緒的覺知。所以我們要學習去除位在外層的語法（認知融合），更集中體驗處於內層的語法（情緒）。

情緒在對你說什麼？

人類具有下列七種基本情緒，這些情緒是在大腦中與生俱來的，為我們提供訊號，讓我們能採取有效的行動以做好準備。

一、快樂

如果我們很快樂，情緒語言會告訴我們，自己正處於安全狀態，這種安全不僅是指基本的、生活層面的安全，也代表我們在關係中的安全。

所以如果你此刻感到快樂，你的身體就會向大腦傳達安全感。可能你的大腦並沒有意識到這種傳遞，也可能你今天根本沒有用大腦評估此刻是否安全，但如果你感覺當下輕鬆又快樂，就代表此時你有充足的安全感和足夠的連結。

二、興奮

興奮比上述提到的快樂或喜悅更複雜一些。一般來說，快樂代表你處於一種比較穩定的安全和連結狀態中。

那麼，興奮和快樂有什麼不同？你可以想像一下，如果某種資源是時有時無的不穩定狀態，那麼當你使用這種資源時，感受到的就不只是喜悅，更多的是興奮。

三、焦慮

焦慮這種情緒和興奮有關，但偏負面。

雖然我們不願意把焦慮當成一種有能量的狀態，但其實焦慮和興奮關係密切，因為當你處於焦慮狀態時，就代表身體已經比大腦優先得知某種帶有威脅性的情境，它在向你傳遞信號，想要動員你，讓你不能在焦慮中坐以待斃，而該及時獲取並利用資源，不然等到壞消息真的來臨時，你會全然無法應對。

四、恐懼

還有一種比焦慮程度更高、偏負面的情緒，那就是恐懼。

如果焦慮是對威脅不那麼明顯、較為隱密的感受，那恐懼就代表我們的生活有明確、不得不處理的危險情境。

所以，如果我們處於某種恐懼之中，那麼即使身邊的人都覺得你不應該害怕，我們也要讀懂這個情緒信號，至少我們的身體的確覺得有可怕的事物正在威脅自己。

有時候這些可怕的事物來自人的內心，所以別人看不出來，反而會覺得我們大驚小怪。

五、憤怒

憤怒有一定的信號作用，這個信號可以對他人，也可以對自己。

對外，是在向外界傳遞「我很厲害，不要企圖占我的便宜」或者「不要試圖靠近我，否則我會讓你付出代價」的信號，藉此威嚇對方後退。

對內，憤怒是在傳遞「我是存在著的，我是有力量的，我是堅強的」的態度，有凝聚自身感受的作用。有些人會有目的性地憤怒，在別人看來，會不理解他為什麼總是充滿敵意與怒氣，但其實他自己也不明白，其實他是在利用憤怒確定自己的存在。

六、憂鬱

憂鬱聽起來似乎並不積極，每當你有憂鬱的情緒時，就代表你的生活正處於、即將處於，或最好能處於節省能量的狀態。

我舉個例子。對外而言，如果你有個朋友看起來有點憂鬱，你本來要找他一起吃飯，結果看到他愁眉苦臉的樣子，就打消這個念頭了。對我們來說，不需要再跟對方多說什麼；對他而言，也節省了一次用來社交的能量。因為大家可能都會有類似的體驗，在憂鬱狀態下的社交不但不能「充電」，而且會快速「耗電」。

憂鬱的症狀之一就是反芻思考[2]，因此對內而言，憂鬱會讓我們不斷思考自己究竟哪裡出了錯。這種反芻性的思考模式會消耗很多能量，整個人的狀態就像同時運行一堆程式的手機，速度變慢了。

七、內疚

內疚這種語言，意味著我們在意及關心。

如果我們走在路上，不小心踢到一個塑膠瓶，我們不會感到內疚，因為我們不關心它，自然覺得無所謂。

所以當我們體驗到內疚感時，就代表我們在關心別人、認同別人，這也是內疚情緒的積極方面。我們要讓自身的行為能真正有利於別人，而不是只一味地陷入這種內疚中不能自拔。

以上只是列舉比較常見的基本情緒，並嘗試解讀這些情緒信號。每種情緒都是一種語言，而且就像是語言存在著各種子句或虛擬語氣等語法一樣，情緒通常也不會單獨出現，所以如果我們真的想讀懂自己，就要思考自己的語法，並練習把「情緒化」好好說成「情緒話」。

我們也可以分析自己如何從家庭中習得這套情緒語言。你可以想想，你的家庭成員中，有誰和你使用類似的語法。

2 重複、被動地思考。可分為強迫思考和反省深思，前者是被動地比較當前狀況和不能實現的目標之間的差距；後者是有目的地、向內解決認知問題。

不被情緒綁架的情緒轉化法

情緒是我們心理活動的一部分，也是生命活力的表現。而外界環境有時會阻礙我們整合自己的情緒框架，導致我們採用各式各樣僵化的防禦手段。

當情緒來敲門時，我們該如何正確對待它？如果想處理情緒，或者說應對和轉化情緒，最根本的辦法是正常宣洩情緒。

宣洩情緒本來是連小孩子都知道該如何做的事，但很多人在社會化的過程中，慢慢忘記了怎麼做，因此心理治療有時候是在恢復人的這種功能。

比如，我曾有位來訪者說他是不會哭的，他已經十幾年沒有流過眼淚了，即使在夢中也沒有哭過。各位覺得他是真的失去了哭泣的本能嗎？當然不是。當他終於重新感覺到足夠的安全感時，他在診間哭到用掉兩包衛生紙。如果一種情緒長久被淤積，一定是有哪裡不對勁，即使淤積的時間不長，這種情緒也會帶來很大的負面影響。

合理的宣洩途徑

如果覺得自己沒有合適的空間宣洩情緒時該怎麼辦？其實只要我們轉換一下思維，就會發現其實有很多可以宣洩情緒的途徑。

比如，當你很難過時，可以去看場悲傷的電影，跟著劇情哭一哭，即使被其他一起看電影的朋友或觀眾看到也無所謂，因為大家都會覺得這是一種適當的反應。這種哭所帶來的關注，與走在路上忽然就哭出來而引起眾人側目，是有天壤之別的。

如果你很憤怒，也可以試著去運動，很多運動都有宣洩怒氣的效果。你會發現有些人好像特別迷戀某種運動，其實這可能是因為他們無意間發現運動中的發洩之道。我有個脾氣不好的朋友在學習擊劍後就迷上了這項運動，我覺得他的個性也有所改變，原本需要努力克制憤怒的情況逐漸減少了。

中醫的情緒療法

以恐懼這種情緒為例。像密室逃脫之類的遊戲，其實就是一種與真實生活中感受到的恐懼類似的情境，在這種情境中，你可以名正言順地體驗自己的恐懼。而且在與其他參與者的分享過程中，這種恐懼的情緒可以進一步被宣洩。

而有些人的情緒過於強烈，還來不及找到一個合適的場合就潰堤了，而旁人見狀會感到很不解，久而久之，可能會有害人際關係。

因此我們還需要一些轉化的方法。在這裡我想向大家推薦一種源於傳統中醫的「以情勝情療法」[3]，並簡單提供一些比較容易理解的情景。

一、悲勝怒

怒傷肝，但悲可以勝怒。「勝怒」就是說可以克服憤怒，轉化怒氣。如果一個人總是愛生氣，可能是因為他缺少悲傷的能力。之前提過，悲傷是一種能力，而且這個能力很有力量，從悲傷中能獲得的力量之一，就包括悲傷對憤怒的轉化。

我們有時會在電影中看到這樣的情節：兩家人有很深的仇怨，對彼此都很憎恨。但突然出現某個契機，讓大家意識到，多年來的互相傷害已經讓雙方失去太多，這時雙方的情緒就都變成了悲傷。當大家沉浸在悲傷裡時，憤怒好像也就被化解了。

如果有特別強烈的憤怒，你可以試著把它轉化為悲傷，如前面所說，你可以看很悲傷的電影、聽哀傷的音樂等，之後再加以宣洩就會更容易了。

二、恐勝喜

喜傷心，恐又可以勝喜。

大家可能會覺得奇怪，一直很開心不好嗎？其實在社會新聞中，常會看到不少樂極生悲的例子。比如打麻將贏了很多錢，興奮過度因而突發急性的病症等，這就是中醫所講的「過喜傷心」，太強烈的喜會渙散心氣，所以也要適當地控制這種喜。

---

3 也稱「情志療法」。利用陰陽五行相生相剋原理，對七情反應進行調治的一種心理治療方式。五行學說認為金、木、土、水、火的順序依次相生相剋，悲屬肺金，怒屬肝木，思屬脾土，恐屬腎水，喜屬心火，繼而形成悲勝怒、怒勝思、思勝恐、恐勝喜、喜勝悲的心理療法。

三、怒勝思

思傷脾，怒又可以勝思。有些人碰到事情會舉棋不定、左思右想，擔心自己做得不好會丟臉，又或深怕得罪旁人。從心理學的角度來看，這樣的人其實是有鬱怒的。他之所以思考這麼多，一定是因為他在過去，或是過去和現在都過得不夠好。

對於思慮過多的人，他需要勇敢、膽識與決斷能力，因為這些表現都是憤怒的昇華形式。如果能把憤怒轉化為當機立斷的勇氣，就不會缺乏自信，猶豫不決。所以怒未必有害，它也可以以決斷性的方式呈現，克服無用的思維。

四、喜勝憂

憂傷肺，喜又可以勝憂。我們可以在感到憂傷時觀察自己的呼吸，通常悲傷會使呼吸變淺，好像只有鎖骨下的一點點肺還在運作，因此我們無法深呼吸。很多比較憂鬱的人容易有一些肺部疾病的問題，如鼻道、咽喉、氣管等，林黛玉就是個很典型的例子。

喜可以勝憂，因此很憂傷時，我們可以用一些行為啟動自己。行為啟動療法就屬於憂鬱症的一種實證醫學。舉個例子：就是有什麼事情比吃飯更讓人開心呢？那就是吃兩頓。用這種方法在不開心時為自己製造一點快樂，讓自己從憂傷中解脫。

五、思勝恐

恐傷腎，思又可以勝恐。恐對應了前文中提過的「煩惱背後是恐懼」，正是因為不知道自己在怕什麼，所以就有了很多無效的恐。想清楚自己到底在怕什麼，這個時候思就能勝恐了。

如果你感到惴惴不安，那麼這種不安其實是在提醒你應該用心回顧你的人生，看看是否有些潛在的風險，以便調整方向。就像有些東西你用餘光看到了，但無法看得太清楚，你需要正視它，才能看清那是什麼。

上述以情勝情的五行生剋制衡理論，說明了單一的情緒如果擴散、固定，就會成為生病的原因。利用不同情緒間相互制約的關係，讓情緒能在流動起來後自然宣洩，就能達到「通則不痛」的效果。

擁抱孤獨，才能與自己親密

親密和孤獨都不是簡單而純粹的情緒，它們各自都由一系列的基本情緒所組成。比如，親密通常會讓我們聯想到放鬆、信任、安全、喜悅、期待、分享等；而孤獨多半讓我們聯想到單調、沉悶、無望、失去連結、不安全、懷疑等。

親密與孤獨的關係

親密和孤獨是兩種相對的情感，親密時你不會孤獨，孤獨時你也無法親密。我把它們放在一起分析，就是為了證明它們的關係其實很密切。如果你無法在孤獨中體驗到與自己的親密，那你和他人的親密可能也要打不小的折扣。

每個人的內心深處其實都有著孤獨的角落，這個地方可能沒有與人建立良好的連結，或是曾經與他人有很好的連結，但後來又中斷了。隨著這種中斷，我們與自己內在這部分的連結也中斷了，於是我們的內心世界產生了一個又一個空洞，那裡存在一些我們不願意碰觸的情緒；並且因為配重，我們可能會被外在的關係所迷惑，試圖用非常膚淺的外在關係，為自己的人生注入一些看起來比較正面的情緒。

例如，我們會希望藉由追求世俗意義上的成功，獲得肯定與自我價值，並阻止死氣沉沉的感覺蔓延。可是，這種被強迫使用的興奮感受，可能也會使我們更難以接受其他更細微的情緒。這樣一來，我們的人生就會變得越來越狹隘，情緒的大花園最後也會逐漸變得單調，只有用來迎賓的花能盛開，而其他更豐富的花早已枯萎，但這樣的花園顯然是沒有生命力的。

懂得孤單，才能瞭解親密

為了回到與自己保持親密的狀態，我們需要闖過兩個關口。

第一個關口是在頭腦層面完成。如果我們無法與自己保持親密，孤獨就會非常深刻，無論我們的行為表現看起來有多麼熱情，都無法掩飾內心的孤獨。當我們偶然因為某種原因，被動地暫時進入了孤獨的狀態，比如因為疫情只能待在家裡，那麼我們也可以把它當成一種轉化情緒，進而整合我們內在的機會。

第二個關口是在行動層面完成，也就是讓自我隔離幫助我們發現自我。在自我隔離的情況下，我們格外能體驗到與孤獨相關的一些情緒，這就像是一種情緒上的「斷食」，讓你停止情緒層面的「大吃大喝」。

例如你隔離的地方沒有網路，甚至沒有電視信號，你無法繼續從資訊中獲得虛假的繁華，這時你就不得不面對情緒上的饑餓。如果我們平時對情緒的餵養非常依賴他人的眼光、話語和掌聲，在這種缺乏外界刺激的獨處情況下，就會產生情緒饑餓。這時，會出現很多原始的情緒，你可能會覺得「這些情緒是我的嗎」「我簡直不敢相信」「我內心居然隱藏這麼多憤怒」等。

當情緒繼續饑餓時，你的孤獨以及孤獨周圍的失望、失望背後的期待、期待背後的指望、指望背後的絕望，還有對外界的不信任、對自己的不信任……等感覺都會逐漸冒出來。而且其實我們在很早之前就已形成了這些感覺，如果沒有以前所累積起來的情緒，僅僅是外在環境的變化，也不至於讓我們的內心產生這些反應。在心靜時，外在環境的影響變小了，內在的情緒擺脫其他因素的干擾，就會不受控地出現。但這並非壞事。我們要正視並善待這些冒出來的情緒，因為這是觀察它們、認識自己的好機會。

在生命的深刻處，與情緒相遇

如果在體驗情緒的過程中，你產生了一些記憶或畫面，這時先暫停下來。透過等待與沉澱，能讓你內心的情緒逐漸平息，恢復更多的認知，如此你才可以認真反思那些感覺。

例如，你可以反思你的憤怒，或想想前面文章曾提過的，憤怒的背後是脆弱，進而體會自身的脆弱。又如果你平時只能體驗到自己的煩，那麼現在你可以感受一下自己的怕；若你平時經常自我批判，現在你可以體驗指責背後的絕望。

因為在自我隔離時，你已經脫離了外在關係，所以無法依賴外在關係為自己的情緒進行配重。如果原來你的情緒垃圾要依賴別人才能處理，那麼現在你就有了建立自己的情緒處理體系，能夠收集、轉化和處理自己的情緒垃圾。

第四章

自由：為人生做減法，撕掉不適合自己的標籤

生活中束縛我們的東西實在太多了，比如我們每個人都由一系列的標籤組成，這些標籤隱藏著一些自動思維以及雜念，它們會干擾我們，讓我們看不清真實的自己，聽不到內在的吶喊。

很多理論都是為了預測未來而存在，我們也會用自己的經驗預判一件事以尋求掌控感，但在迴避未知的同時，我們也喪失了其他的可能性。透過全面檢視思維的方式，我們可以重新分辨哪些思維即使曾經能說明我們，但已不再適合現在的自己了。藉由重塑一些觀念的同時，重新找到自己的價值、信念和意義，活得更加自由。

「我是誰？」——拿掉標籤後，你還剩下什麼？

前一章談到了情緒，也談到了防禦，看起來這些就是我的情緒，我的防禦。可是，「我」究竟是誰呢？

檢視你的身分標籤

現在我想先請大家做一個想法實驗。

先在紙上寫下對「你如何定義自己」這個問題的答案。比如你是一個公司的副總，是兩個孩子的父親，是某某學校的老師，是某個協會的會員……等，盡量列舉。

寫完之後，接下來看著這些文字，依序說「我不是」。你要用心體會當你說「我不是某個公司的副總」時的感覺。如果你覺得這種感覺過於短暫以至於感受不到，那你可以重複幾遍某一個「我不是」，直到你心有所感為止。

當你這樣做時，你可能會出現某些情況。比如你有一個「我是某某的兒子」的標籤，讓你說出「我不是某某的兒子」很困難，因為這完全違背了事實，但即使困難，我也建議你這樣做試一試，看看它難在哪裡；如果你心裡覺得不舒服，也感受那是種怎樣的不舒服。如果你實在無法執行每一個「我不是」，那就保留幾個核心的標籤，比如「我是某某的兒子」、「我是某某的父親」等。

最後看看你在這張紙上留下了哪些標籤，這幾個標籤對你的重要性何在？身體的哪個部分在回應這個標籤？有沒有哪個標籤幾乎是你生命的全部？這個想法實驗有助於我們反思標籤對自己究竟意味著什麼。

我們的確是由一系列的標籤所組成。談到標籤時，我們腦海中所浮現的形象，可能是物體表面被貼上類似便利貼的東西。可是有些標籤不只是被貼在外面，還可能被貼在靈魂裡，我們會對這些標籤產生非常強烈的認同感，相信它們是我們生命裡固有的部分。此外，我無意推翻大家「生命的確有很多固有部分」的觀點，因為我也有很多難以割捨的標籤。

現在我想請大家換個角度思考，你身心某些不舒服的感受其實也是標籤。「我是個容易焦慮的人」「我是個不快樂的人」「我是個悲觀的人」「我是個自閉的人」「我是個不合群的人」……乍聽之下，我們似乎很樂意把這些負面標籤撕掉，但也許在某個標籤快被撕掉時，我們會對那些本來不喜歡的標籤產生疑問，甚至是捨不得的心理。痛苦的標籤也會和喜歡的標籤一樣，被一些人珍視與呵護，甚至很多人對「我就是個沒有價值的人」「我就是個注定失敗的人」等負面標籤，深愛到自己都難以想像的程度。

標籤人生的發展歷程

在人生早期，我們的標籤和我們自己的主觀意識其實並沒有什麼關係。比如，很多人在出生前，父母就已經為他們取好名字，或已經挑選了幾個名字，而這些名字都包含了父母的某些願望。

所以在你出生前，就已經有一些標籤在等著你，父母可能會想「他的身高應該像我，口才應該像你」，所以你就被貼上了「個子高」「口才好」的標籤。如果日後你恰好就是這個樣子，自然更難撕掉這些標籤；但如果你並非如他們預期的樣子，那會是令父母失望的事情，雖然他們不見得能感受到這種情緒。

每個人出生後都會有一大堆標籤紛至沓來。比如鄰居會說：「孩子很像媽媽。」長輩會說：「孩子像爸爸。」這些都是標籤。

等到你進了學校，老師們也會給你貼標籤，比如你是一個好學生、一般的學生、成績較差的學生……被貼上這些標籤的感受，你很可能會一直記著，這些感受會留在你的骨子裡、血液裡，一直伴隨你成長。

隨著你漸漸長大，你會為自己貼標籤。到了青春期，你可能也會有崇拜偶像的行為。這兩種行為對青春期而言都很正常，因為正是這些行為使你從原生家庭裡走出來，這是一個分化的過程，所以你有選擇偶像的自由和選擇群體的自由。你選擇了哪個偶像，其實就表示你認同這個偶像的一些特質，這時你也在不知不覺中為自己貼了標籤。

如此日積月累，當我們步入社會時，已經是一個從內到外都貼滿了標籤的人。如果這些標籤之間相互和諧時，當然很好；但當不同的標籤之間發生矛盾或衝突時，你對自己的認知也會有所改變。例如你有「人生勝利組」這類的標籤，當你遭受挫折時，挫敗就開始撕下你之前的標籤，新的情境可能會為你貼上一個糟糕的新標籤。

在出現衝突時，很多人為了使內心重新達到和諧狀態，會不斷為自己腦補。比如告訴自己「我有時是這樣的人，有時是那樣的人，會常常變來變去」「原來我可能具有雙重人格」等。透過自我暗示的方式，標籤體系可以保持穩定，但也會有失效的時候。有些人到了中年，自我催眠讓他精疲力竭，最後不得不再次回到那個問題——「我究竟是誰」。

但我們可以為人生「做減法」，那就是「撕掉自己的標籤」。在社會生活撕掉你的這些標籤前，你可以先思考：這些標籤對你意味著什麼？如果撕掉這些標籤，你還剩下什麼？

這其實是種精神層面的修煉。如果你先修煉了自己，之後社會再修煉你時，你就胸有成竹了。你會明白，人生是由我們做過的那些事所組成，而不是由我們收集到的那堆標籤所構成。

標籤效應的自我反思

現在，請大家做個練習。用紅筆寫下你喜歡的標籤，用藍筆寫下你不太喜歡的標籤，然後仔細審視這些標籤，按照對它們認同的程度將之排列成同心圓，依次把最認同的放在最靠內部的位置，最不認同的放在最外面。看看在最裡面那層是什麼，也就是你最認同的是什麼；第二層又是什麼；有哪些標籤你曾經擁有，但後來又失去了；如果有可能，你希望日後能獲得怎樣的標籤。

如果你能很用心地進行每一次實驗，我相信這些想法實驗對你的影響，會超過你參加三十次專業的心理治療所給予的影響。尤其對於幾個最重要的核心標籤，我建議你逐一體會你看到這些標籤時所產生的主要情緒，觀察它們之間的比重與關聯性，以及彼此是如何保持平衡的。

雖然有雜念，但沒關係

在做前文提到的想法實驗練習時，可能你腦海裡會出現許多自動思考，或者也可稱作「雜念」，它們就像影音網站裡會出現的彈幕。

所以，你可以把做練習的過程，當成是一集打開了彈幕的視頻節目。

雜念就是你的「內心彈幕」

基本上，我們可能整天都處於螢幕蓋滿彈幕的狀態。只不過那些「彈幕」，也就是在我們腦中一閃而過的那些想法，速度太快，數量又太多，它們製造了一種磨砂的效果，讓被蓋住的影片內容變得不那麼清晰。就好像我們的想法與念頭過多，反而遮蔽了我們內心最真實的想法與訴求。

很多時候，我們就生活在這種雜念或自動思考造成的磨砂效果中，或者也可說是生活在局部的馬賽克效果裡。在這種情況下，注意力不會輕易被雜念影響，不過一旦有條彈幕卡住了，或是有變換顏色或字型大小的彈幕出現時，我們就會意識到「原來我有個這樣的彈幕」，注意力就會被其吸引。

我有些來訪者就是這樣。他們在順境時沒有意識到雜念，碰到麻煩時才會有所察覺。比如，有個人要上台演講，一想到這件事情他就覺得很有壓力，他可能焦慮地想：「到時候台下會有好多人，老闆、同事都盯著我看，如果我演講的時候結巴或忘詞了怎麼辦？會不會其實大家都已經知道我是笨嘴拙舌的人，正在背後議論我，只是不當著我的面說出來，就等我到時候出糗？以後我碰到同事時該如何跟他們互動？」像這樣，一旦產生了雜念，就會誘發更多的雜念，「內心彈幕」在這個時候就忽然都集中出現了。

這些念頭本身都是帶著情緒的。如果只是一點點的情緒還好，但通常大量的「彈幕」會帶來無法消化的大量情緒，這些情緒會反映在我們的身體，出現口乾、臉紅、手抖、氣喘、腿軟等反應。此時這個影片就播不下去了，我們也無法再繼續往下想了。

心煩則意亂

我們在什麼時候才會意識到自己是有雜念或自動思考的呢？通常是在感到有壓力、遇到麻煩的時候。

人們碰到挫折或壓力時，很容易自我批判，思緒停不下來，如果你不對這種雜念做點什麼，它就會時時刻刻存在。然而當我們嘗試找出釐清糾結的解決方案時，如果是不斷想著諸多無法改變的情節，或是臆測各種無從判斷正確性的可能，這種非理性的反芻思考，只會讓自己陷入無止境的猜想與推測中，無助於面對壓力與焦慮。

而心理諮商的目的就是在幫助人們仔細觀察這些雜念。如果讓對方觀看一陣子，他自然就會明白，這些雜念，或稱自動思維，不管自己是否有所覺知，它都一直存在，甚至在睡夢中，也會發揮作用。例如若你白天總是處於焦慮狀態，擔心上台演講會出狀況，那麼晚上做的夢很可能就會和白天的焦慮相呼應，像是夢到自己站在懸崖邊，身後有狼在追你，逼不得已的你只能往下跳。

只要你缺乏自信、覺得能力無法勝任，我們在前面談過的「怕」、「煩」這些情緒，就會不分晝夜地纏著你不放。因此，當你被雜念卡住時，站在心理諮商師的專業角度，我要恭喜你，因為你終於有機會看看自己有哪些自動思考了。過於順利的人生會讓你處於沒有覺知的狀態，這樣的人生將會單調而乏味。

雜念是源自過去的經驗

當雜念無法退散時，建議你為自己植入一個思維模式，那就是——「機會來了，看看雜念」。形成這種自動思考後，你就從受困於雜念臭水溝裡掙扎的狀態，變成坐在雜念臭水溝旁邊的第三者角度。當然，卡住你的雜念仍然是污水爛泥，但這不也是自己的一部分嗎？不管你愛或不愛，這些暫時都是你的，要學著接納自己的這部分。

然後，你就要盡可能抓住雜念。比如，當你冒出一個雜念：「我好糟糕，我很差勁，我一定會失敗。」你可以把這個雜念重複多想幾遍，甚至唸出聲音，以便更充分體會它。

在唸出聲音的過程中，留意你的聲音有沒有越聽越像某個人的聲音？我通常會在諮商中請來訪者聽一聽「我好糟、我好糟、我好糟」是男聲還是女聲，是年老的聲音還是年輕的聲音。當你能繼續仔細思考時，往往就會出現一個故事或一個情境。這時正是對這個自動思考深入探索來源的好機會，這種思考模式一定是之前在你不知不覺的情況下進入你的生命體系，進而在你的生命系統中自動循環。

此外，也要用心體會身體的反應。比如，當你說「我很糟」時，有沒有感覺到自己的身體也變得有些緊張？像是本來挺直的背部一下子垮下去、心臟怦怦跳、手心冒冷汗。當你用整個身心體驗這個已經被唸出聲音的雜念時，你應該會想起什麼。

雜念是一種來自過去的呼喚，你當年一定從某個人那裡聽過它，只不過不是「我很糟」，而是「你很糟」。這個「程式」在你的「硬碟」裡不斷被複製，占了非常大容量的「記憶體」。而且這個程式每天一開機就自動啟動了，因此被耽誤而無法啟動的正常或積極的自動思考，不知已消耗你多少電量。所以，抓住雜念就是一個找到自身系統缺陷與漏洞的大好機會。

人生沒有「如果」，只有「結果」

我們的頭腦中常會出現「如果……就……」的假設句型，這種假設立場的思維模式是我們習得的。它一部分源自父母的言傳身教，另一部分則源於自身的經驗或經歷。

大家不妨試著回想，過去父母或老師有沒有告訴過你，如果你現在不好好讀書，你就考不上好大學；如果你考不上好大學，你就不會有好工作；如果你沒有好工作，你就賺不到很多錢；如果賺不到很多錢，你就會成為失敗者；如果你是個失敗者，你的人生就完了；如果你的人生完了，你活著還有什麼意義……

這種看起來似乎邏輯縝密的論證還有很多例子。我們不但生活在這種假設句型中，也逐漸把這些觀念轉化到自己的思想體系裡，慢慢形成屬於自己的「如果……就……」。比如我們在做錯某件重要的事情而感到懊悔時，可能會發現其中很多環節我們應該可以做得更好，這就是「後悔藥」思維——如果我當時不那樣做，如果我當時能聽從朋友的建議，現在情況就會完全不一樣了。

千錯萬錯，都是別人的錯？

透過一次又一次的假設，我們彷彿又獲得對人生的掌控感，進而產生「我很厲害，我的生命、我的命運都在自己的掌握中，雖然這次沒成功，但下次再注意一點就好了。」的想法。

這種內心的假設很快就會成為超好用的藉口，當碰到失敗或不如意的事情時，如果我們不願面對由此產生的自責情緒，就會給自己一個合理的解釋以尋求內心的平衡，於是假設思維變成藉口的戲碼就一次次地不斷上演。

有時我們也會把這種「如果……就……」的句型用在別人身上，也就是認為：我們之所以沒有做好這件事情，是因為別人對我們產生了某些不好的影響，或是因為別人妨礙了我們，如果當初他們不那樣做就好了。

事實上，這種假設立場的思考模式和上一篇文章提過的自動思考差不多，產生的頻率十分頻繁。比如，大家在閱讀這本書之前，會不會有這樣的假設或期待：「如果我看了這本書，可能會學到很多不同的東西；如果我收穫良多，可能會比別人更厲害；如果我比別人更厲害，就會有更多的資源；如果有更多的資源，就會變得更成功；如果我變得更成功，那就太完美了。」這種邏輯就某種意義來說是可以推演下去的，雖然它可能不夠合理。

自我欺騙的正向錯覺

這種思考方式會讓我們無法以全景的視角看待過去，也會傾向簡化這個世界。如果是做實驗，那麼我們可以透過分別控制不同的引數而觀察某一變數對實驗結果的影響，進而得出一個非常準確的「如果……就……」的結論。但人生無法進行對照實驗，而且人生中的變數實在多不勝數，每一個變數又都不是我們能任意設定的，因此人生無法預演，也無法重來。

例如，你無法選擇自己的父母，你出生的家庭從一開始就決定了非常多的東西是「定數」。你無法假設如果自己不是出生在這樣的家庭會是什麼樣子，因為在有個人意識前，你已經不自覺接受了這個家庭中的很多理論和信念，背負了很多指望與指責。

意識到這些後，你就無法再假設「如果這一切都不是發生在我身上」，因為這種假設不可能成立，所以我們生活中的很多選擇可以說是有「路徑依賴效應」[1]的。這些選擇的極端複雜性，會讓我們在面對自己的命運與過往時，體驗到一種無力感、失控感。

為了平衡這種無力感與失控感，我們會想像出一種勝任感，替自己創造很多理論。透過這樣的理論，我們會把過去和無法掌控的生活，幻想成可控的人生，並從這種幻想中找到某種自信和勝任感。

只有活在當下，才能有所改變

我們能在多大程度上放下這些假設，就能在多大程度上活在當下。

「活在當下」這個說法聽起來很老生常談，但我要強調，你對當下覺知的時刻，才是真正能掌控自己人生的時刻。你對當下的覺知越透徹，就越能擁有真實的掌控感，因為此時你不會再假設什麼東西過去曾發生或沒有發生，並廣納各種資訊。

所以，與其不斷用假設麻醉自己，不如把握當下，也就是對現在遇到、想到的每一個假設都追問到底。只要你能充分體驗「如果……就……」中的任何一個環節，這些話的能量就真的會輸入到你的系統裡。

以「如果我當時用功讀書了會怎樣？」為例，充分探索其可能性。試想，如果你當時真的認真讀書了，那麼你的努力學習會表現在哪些方面？這時大腦就會出現一連串的變化，雖然你是在設想改變過去，但真正的變化卻是發生在當下的大腦中。

你可能會問：「我們假設的這些事情都發生在過去，但我們又不能真的回到過去重新開始，那麼這些假設有什麼意義？」然而，當你充分體驗了這個「如果」背後的可能性，在體驗的過程中，這種可能性就在當下，就在你腦海中被實現了。所以這種「把握當下」也是一種技巧。

1　人們一旦做了某種選擇，就像走上了一條不歸路，慣性的力量會使人們不斷自我強化這個選擇。

告訴自己：「那又怎樣！」

如果把思想體系比喻成一顆洋蔥，自動思考是在最外層，從外往內的第二層是「如果……就……」，像這樣，如果繼續往裡面一層層剝除，隱藏在最內層的就是核心信念。

悲慘的信念，會創造悲慘的一生

舉個例子。一個人因為要在大眾面前演講而感到窘迫，一定會產生很多自動思考，比如「我是不是看起來很可笑」、「他們是不是在嘲笑我」、「我的表現是不是很糟」等。

如果我們深入探尋任何一種自動思考，就能發現背後有一連串的假設：「如果我表現得很糟會怎樣？那麼別人就會看出來；如果別人看出來會怎樣？他們就會取笑我；如果我被他們取笑會怎樣？那我就會覺得自己是個能力很差的人。」

所謂的「悲慘」，其核心信念可分成四種類型：一、我是沒用的；二、我是不可愛的；三、我是有罪的；四、世界是危險的。前三種信念都是在說「我」，第四種是在「我」之外。這時候的「我」，沒有機會，也缺乏膽量去體會世界，甚至會完全專注在外界的危險性。

而之所以會覺得自己悲慘，有以下兩種原因。

一、跨代傳遞

如果是這種情況，我們可能根本無力對自己辯解，因為這樣的信念可能傳承已久，根深柢固了。

舉個例子。如果有位女性覺得自己「是個沒有價值的人」，你會發現，她母親其實也很自卑，而當她和母親聊起已經過世的外祖母時，她發現外祖母也總是貶低自己。更悲哀的是，她察覺到即將成人的女兒的情緒似乎不大對勁，詢問之後，女兒說出的一番話也讓她很驚訝，原來女兒竟然也極度缺乏自信。

她發現她的家族中已經有四代人都覺得自己沒有價值，而且每個人認為自己沒用時所列舉的證據完全不同，有人著重於人際關係，有人是歸咎於自身的能力。但不管她們是從哪一點進行論證，這四代人都認為自己一無是處，她們的核心信念高度一致、堅定不移。

我們的確有可能從一個家族中繼承某種暗黑的特質，如果不是在某一天透過追溯自動思考時發現了這個真相，我們可能一輩子都會被內心深處的這句咒語壓得喘不過氣。

二、挫折經驗

比較典型的情況是小時候曾遭遇某些創傷，而這個打擊的力道又超過了當時能承受的程度。

如果大學時有老師批評我「你很糟糕」，我應該會覺得「我才不糟呢」，因為此時我的內在已有一定的力量，我可以選擇不吸收這個不屬於我的信念。

但對一個小孩而言，權威的論斷是很重要的。如果他的小學老師說「你很糟」，他會非常相信這句話，甚至會不斷回想，從此以後，他會羞於去見那些有可能會誇獎他的老師，而且也可能會被貶低自己的老師所吸引。

但為什麼會這樣呢？因為每個生命其實都在努力維護自己的連續性。簡單來說，連續性就是你一覺醒來覺得今天的自己還是昨天的自己，如果昨天的自己深信自己沒有價值、有罪或者不可愛，那麼今天的自己早上醒來睜開雙眼時就會開始延續這樣的信念，不然自己就不是自己了。所以，這種最核心的信念一旦形成，就會像手機裡的某種程式一樣，會隨著開機啟動，甚至在關機後仍然以潛伏的方式強化自身。

面對負面情緒，沒什麼大不了

如果我們想對抗上述悲慘的四大核心信念，有種方式，就是把悲慘當成一個「咒語」，反覆唸著「我是沒用的……」，唸一千遍。在唸誦的過程中，深藏你內心的某些感受會慢慢浮現，或是某段記憶「活」了過來，這是你透過唸了上千句的「咒語」把它們喚醒的。

這時仔細體會一下那些感受。你可能會覺得胸悶、喘不過氣，只要沒有真正的生理疾病，呼吸有點困難是沒關係的；你可能會覺得身體麻木，那就好好體會麻木的感覺。你甚至還可能嚎啕大哭，這也無妨，反正沒人看見。

當這種難受的情緒達到頂點時，再告訴自己另一句咒語——「那又怎樣！」這句咒語是接在上一句咒語——「我是沒用的」後面，並且把它們連起來唸一千遍：「我是沒用的。那又怎樣！」

這時，體會一下自己的感受，你會發現那些讓你受傷的感受其實真的沒有什麼，可能當時我們受到的是別人無心的傷害，或是自己無意間得到的「暗黑遺傳」。但現在我們既然長大了，就要用成年人的方法應對。這些創傷和打擊雖然曾對當時幼小的你而言很強大，但現在的你可以說：「那又怎樣！」

「我缺乏安全感，那又怎樣！我可以在這樣的狀態下學習照顧自己。」「我不夠好，那又怎樣！我可以透過比較，感覺自己不如人，但也可以看到自己的變化和成長。」

在「咒語」的爭執過程中，你的內心已經逐漸增加了新的信念，進而被訓練得更堅強、更有韌性，足以在任何情況都支援你，對那個不論從何處來而讓你不舒服的聲音說：「那又怎樣！」

你被「思想病毒」感染了嗎？

在瞭解自動思維、假設、核心信念這些概念後，我們知道自己的內心世界充斥著很多聲音，但這些聲音又是從何而來的呢？現在我們就從迷因（文化基因）的角度來探討這個問題。

文化就像基因，也會代代相傳

在談論迷因前，我們先探索基因是什麼。

基因是我們的遺傳密碼，人之所以長成現在的樣子，就是由於DNA裡有很多編碼，這些編碼在一個人的發育過程中被逐漸翻譯出來，最終就形成一個人的樣子，呈現出各種特徵。

我們從上一代繼承的基因，會以同樣的方式傳給下一代。從這個角度來看，也可說人類是人類基因複製自身的工具。

那麼迷因又是什麼呢？這是生物學家基於演化的觀點，認為一個社會中各式各樣的文化元素就像基因，也能透過模仿、轉譯傳遞到下一代，於是將希臘字根「mimeme」的意思（模仿）與「基因」的英文拼音（gene）相結合，把這種會代代相傳的文化元素稱為「迷因」（meme）。

可以簡單來說，基因存在於生物體內，藉由細胞運作複製自己，傳遞給後代。而迷因則存在於人類的心靈，藉由人類的模仿能力複製自己，傳遞給其他人類。

比如當我們閱讀一本好書後，作者的一些信念就透過閱讀的方式被複製到我們的頭腦裡。我們可能還會摘錄一些金句或部分內容放上社群媒體，於是網友被我們的分享所吸引，也去買書來看。

這種形式和病毒的複製方式有點相似。病毒的特色，就是它必須快速自我複製，當它不複製時，就只是個非生命體。一旦進入人體後，它的生命才會開始顯現——儘管這樣的生命特徵是從接管我們的細胞開始。

如前述的例子，一本書籍如果無人閱讀，就類似靜態的「病毒」。直到某天有人讀到這本書，這個「病毒」就會像是在人的頭腦中活了過來。

那麼，有哪些迷因是以非遺傳的方式傳遞下去呢？

迷因一、要具備適應外界的能力

我的來訪者多半在「適應」方面有或大或小的問題，有些人是不適應外在的環境，還有些人是不適應內在的環境，也就是不適應自己的內心，例如覺得自己不夠好、缺乏安全感，或是經常有負面情緒等。但通常我在提到適應時，是指適應外在的要求。

「我們一定要適應這個社會」這種信念是從何時開始被植入我們的腦海中呢？可能是父母從小就會教育我們，在不同的場合要舉止得當，要適應各種行為要求。在上課時不能和同學聊天、見到長輩要禮貌地打招呼……這些都算是適應性行為。於是在不知不覺間，我們已經深深相信，我們需要適應外在的世界，而且適應的程度越高，成功的可能性就越大。

迷因二、期待能夠成功

你從什麼時候開始意識到自己必須成功？

如果你身邊有小孩，你會發現至少在一段時間內，孩子並沒有與他人比較成功的心態，讓他做一些很簡單的事情時，他看起來也是快樂的。但我們現在提到成功時，一定不是只做一些很簡單的事。如果是大家都能勝任的事，你的成功從何談起呢？隨著我們日益長大，我們接受了這樣的信念或思想病毒：「比別人更成功，才是真的成功。」

迷因三、對於被大量模仿與重製的訊息深信不疑

每當我聽到來訪者說「別人都如何如何」時，我都會問他：「你說的『別人』是指誰？」有些人其實並沒有想到特定的某個人或某些人，但他堅信他人的行為或想法就如他所想的那樣。

對一般人而言，這種所謂的「別人」又是從何而來？你只要打開手機，裡面就有很多新聞、文章等各種訊息，這些內容或外顯或隱約地在推崇某種價值觀、某種生活

方式，甚至是赤裸裸地推銷某種商品，告訴人們：如果使用我們的商品，那麼你就會很成功。這些所謂的「別人」，可能是想法、觀念、行為或技能，不論是有用的、中性的或有害的，就在我們閱讀、瀏覽手機或電腦網頁時，盡其所能地將自己散播出去，不知不覺地進入了我們的頭腦。

應對內心的衝突

那麼，我們真的擁有生命的主動權嗎？我們的生命看起來好像很自由，我們也會有自己的想法，可是如果仔細推敲這些想法，如剛剛提到的適應、成功、別人，就會發現這些想法可能根本「來路不明」。世界上好像存在一些會不斷延伸、廣闊無邊的生命體，它們才是信念的來源，甚至彼此之間還存在競爭關係。

當它們彼此競爭、相互衝突時，我們的頭腦就同時被植入了兩種信念，用更可怕的說法，就是同時有兩種「病毒」，這兩個生命體都想在你的大腦中複製自己。比如一種信念告誡你應該在大城市工作，認真打拚到能有一間可以俯瞰整個城市夜景的辦公室；另一種信念則勸你應該離開大城市，到偏鄉做慈善或公益活動。

有些人會意識到這是兩種想法而產生歧見，有些人則不會意識到，只會覺得心裡怪怪的，但不知道什麼地方不太對。如果你屬於後者，那麼你就要想一想，在你頭腦中爭奪主控權的這兩種「思想病毒」，是從什麼時候開始進入你的頭腦，甚至什麼時候開始控制及改造你的大腦的。我們還可以進一步思考，複製與傳播在衝突中勝出的那種想法會有什麼好處。

如果無法意識到自己的想法衝突來源，可能需要別人幫忙觀察或提點，很有可能旁觀者清，一下子就看出來了，然後一句話就點醒你：「你這兩種想法，就是你的父親跟母親分別對你有不同的期待啊！」

大部分人的內心都不可避免地會有兩種系統在相互競爭，因為不論你的父母彼此感情有多融洽，他們畢竟來自不同的家族，信念、價值觀可能都不同，因此你也很難避免受到他們內心衝突的影響。可以說我們的大腦就像培養「病毒」的培養皿，生命存在的意義就是為了讓各種不知從何而來的信念在我們身上不斷複製。

說到這裡，大家有沒有注意到，你們現在是不是也接受來自於我的信念？這會是一種有利於大家的「病毒」嗎？當新的信念進入你們的頭腦時，將會與你們原有的信念出現怎樣的競爭或糾纏關係？你們在讀這些內容前，有沒有產生過類似的想法？或許有些讀者可能會覺得心有戚戚焉。

當我試圖傳遞出一種信念，或說一種迷因時，其實也是在複製我頭腦中的一些東西，而這些東西對我的身心有幫助，使我感覺更自在。如果大家想追求內心的自在，不妨從這種角度仔細檢視頭腦中的信念，或許有助於你擺脫這種困境或者多重困境的可能性。

你的想法不是你的想法

你有沒有想過，你自以為的觀念，很可能並非出於自身的想法；你所堅持的信念，或許只會不斷消耗生命；你樂於與人分享的理念，可能根本就是在散播思想病毒。能解釋這種「我認為」和現實之間的差距的典型例子就是催眠。

有些人只要遇到學過心理學的人，都會問對方：「你會不會催眠？」我就經常被問這個問題。說實話，我還真的會。但當別人這樣問時，我通常都會回答我不會，因為我不喜歡這個詞。

「催」跟「眠」這兩個字，好像表示被催眠者比較容易受別人影響，而且是一種會被弱化的影響。我不想被視為這樣的人，我想應該也沒有人希望被這樣看待吧？

而且催眠這件事是可能產生危害的，它就像我在上一篇文章中提到的迷因或思想病毒，所產生的影響是悄無聲息的。

思想病毒的危害

我們的心靈充滿由大腦瘋狂吸收的東西，時間一久，我們的內在就失去了它原本比較純淨時擁有的潛能，逐漸變得麻木。但這樣很可能也會讓我們看起來更適應社會、更正常，也更成功。

然而，我們的內在是否希望長久處於麻木的狀態呢？當我們在生活中獲得成功後，可能會出現一些內在或外在的障礙。以外在為例，有人會嫉妒並挑戰我們，於是我們就得被迫再次升級我們的武器與之戰鬥，如此相互纏鬥，我們就會變得更加疲憊。

有時是我們的家庭會出現一些問題，因為當我們過於關注世俗意義上的成功時，很可能就會忽略家人，甚至犧牲家庭關係，最終，我們的內心也會失衡。

思想病毒還會侵蝕我們的健康。這些病毒的初衷並不是要消滅我們，如果它寄生的宿主被消滅了，這個病毒也會受影響，因為還沒有等它找到更多的下家，它現在的宿主就不能繼續為它所用了，這將不利於它的生存。

所以，思想病毒一開始會先獎勵我們，在物質方面給予我們優厚的回報，讓我們的生活水準看起來在逐步提升，或是擁有更健康的生活方式。比如像其他人一樣去健身房運動，吃保健食品，或者去旅遊。但只要它是在利用我們進行複製，就一定會忽略我們最原始的價值，也很可能犧牲我們作為一個人所擁有的智慧，時間久了，我們的內心也會逐漸變得缺乏生機。

檢視心的塵垢

思想病毒會讓我們每天不斷進行自我暗示與複製，妨礙我們看到自己內心光明的部分，也會阻止我們看到與它們是競爭關係的其他思想病毒。

因此，如果我們存在某些情緒，就要檢視它在情緒中的占比是否過多或過少。即使我們每天都很快樂，擁有非常積極的動力，我們也要觀察，這種正向情緒是不是某種信念在持續發揮作用。比如，我們讀了一些勵志書籍，書中不斷強調，人一定要保持快樂，你每天早上醒來，都要對自己說「我要展開充滿活力的一天！」刷牙時要對著鏡子微笑，告訴自己你是最棒的；每天要在社群媒體上，分享一些正能量語句……然而利用這些方式所維持過度亢進的快樂，可能會持續消耗我們的心力。

我認為一個正常人，其實很難長期維持這種狀態。我們要留意自己有沒有類似這種被過度啟動的信念，即使它帶來的情緒看似正面。如果有，我們是否能試著讓它先暫時停下來。或許可以思考一下，如果我們非常刻板地依賴某種防禦，如理智化，我們是否利用了這種防禦思維強迫自己堅持那個信念？比如專門結交和我們一樣理性，或是比我們更理智的人。這樣，大家的這些信念好像更能穩定地維持複製，進而逐漸變得超理智，並更加堅定這個信念。我們會告訴自己：「不要關注自己的情緒，也不要在乎他人的情緒，情緒是一種使人變得缺乏理智、變得脆弱的東西。」於是，我們的內心也因此再次被蒙蔽。

洗心滌慮，找回初心

比起催眠，我更希望傳遞一種「洗心」的觀念。

你可以做一個實驗：觀察自己一天的生活中，究竟哪種情緒持續占據主導地位，哪種方式的防禦長期居於主要的領導地位，或是哪種自動思考總是不斷出現，然後嘗試探尋其根源。

我們可以仔細體會一下，當處在這樣的情緒中，會回憶起哪些情境？如果我們在這些情境中是和他人有互動的，那麼很有可能你就是被某一種信念「感染」了。

只是時間一久，我們可能會忘記被感染這件事情，所以我們要找到首次感染的場景和感染我們的人，這樣才能發現某種信念在一開始其實並不是自己的。接下來，我們就可以思考，自己是從什麼時候開始替代這個人自我催眠，並維持這樣的信念。

我們可能會發現，即使這個人一開始是以恐嚇威脅的方式讓我們接受其價值觀，但時間久了，在潛移默化中，我們也可能心平氣和甚至欣然接受這種信念。我們會不停為對方強化信念，甚至把它複製給別人。

例如，如果你從你父親那裡獲得了某種信念，那你很有可能會把它傳給自己的孩子；如果你從老師那裡獲得某種信念，你也很可能會把它傳給自己的學生。我們的頭腦其實被很多迷因，或說思想病毒的鎖鏈緊緊纏繞，如果我們對這一點的認識程度越深，就越有可能擺脫桎梏。這是一個洗心的過程，也是一種新信念的養成。

我們可以問問自己，這樣的生活是不是我們的初心在還沒有接受外界信念時所適應和嚮往的？「成功」可能有外在的標準，但是「自在」的標準卻因人而異。你的初心在哪裡？它究竟是什麼？

人生新三觀：找到你的價值、信念和意義

「三觀」是現在的常用語，「三觀不合」也是很多人在無法繼續相處時的常用理由。但如果將三觀放到迷因的背景中，它就不是指傳統意義上的世界觀、價值觀、人生觀，而是價值、信念與意義。

很多心理方面的困擾，歸根究柢是與三觀有關的問題。我們之前談到的自動思考、核心信念，就是在分析你認為什麼東西是有價值的、你的信念是什麼、哪些事情是被你視為有意義的。

價值：判斷事情對錯、做選擇時取捨的標準

日常生活其實就是我們價值觀的外顯。要瞭解自己的價值觀並不難，觀察自己每

天在做些什麼就可以了。即使你認為自己並不是很心甘情願做這些事，或是出於別人的要求或強迫，例如你每天都因工作疲憊不堪，但只要你每天都在做，就代表你內心深處仍然覺得它是有價值的。

如果這個價值不是你的終極價值，那它有可能是你實現終極價值的必要過程。例如你的終極價值是認識自我，但你也得先填飽肚子才行，所以你必須工作來賺錢餬口，其實你也認可這種價值的關聯性，因為它最終有助於你追求自己的最高價值，而這種價值的關聯性，也被你認為是有價值的。

就我自己而言，我覺得幫助他人探索自我是很有價值的，其他的一切價值，都是服務於這個價值。比如我開課、寫書，做這些事情的最終目的是讓我接觸到更多的人，聽到更多的故事，對人性有更多的瞭解。這些結果具有普遍性，所以你也可以記錄自己在一個星期裡所做的事情，並對它們進行分類，你就能知道自己追求的價值是什麼了。

除了這些表現在行動方面的外顯價值，你還會有一些不見得會顯示在行動方面的內隱價值，這些價值不但別人看不到，甚至連你自己也不見得能意識到。因為這些價值可能比較深遠，所以不是在發現後就能立即完成的。但如果回顧既往的生活，你可以反向思考：哪些事情是自己很有興趣想試著探索，但還沒有進行的。思考「沒有做什麼」，也是反向瞭解內隱價值的一種方式。

信念：堅信不疑的想法與主張

信念和價值有何不同呢？價值通常是一種可計算、可測量的東西；但信念看起來沒有什麼變動的餘地，例如我的行動並不能藉由信念加分，或多獲得一些利益。

信念偏隱性，同時也比較深刻，但很容易受社會趨勢的影響。我們在某個時期的信念可能和其他人並無二致，因為保持獨特信念所帶來的風險，很可能會讓人走上一條人跡罕至的孤獨之路，乃至絕路。所以在承認並捍衛信念的同時，要注意這個信念能否自證為一個絕對無誤的信念。我相信這是孤注一擲的，沒有任何一種外在的承諾能向你保證，如果你堅持自己的信念，最終將獲得什麼。

所以從某種程度上來說，信念在成為我們行動的障礙時，也會刺激我們不斷思考、反思及追問自己的信念。

我自己的核心信念就是追求和諧，也常自我確認所追求的和諧是什麼。內在的和諧並不意味內心沒有衝突，衝突其實會不斷創造新的事物，不斷改變邊界，塑造新的結構，所以和諧也包含了內在的豐富性。例如人際關係中的和諧不等於委曲求全、忍氣吞聲，或者做個濫好人，而是雙方的關係從開始到結束都能讓彼此成長。最後，人與世界也能臻於和諧，進而讓我們對萬物懷有感激之情、敬畏之心。

這些就是信念系統可以被檢視的部分。一個人一旦有了信念系統，尤其是讓自己感覺和諧的系統，自然就能克服別人對他的催眠，處於相對穩定的狀態。

意義：在世上的目的與使命

信念和意義也有關聯。「你認為什麼東西是有意義的？」這個問題會令人覺得意義和價值有相似之處，好像意義也有某種可衡量的系統，但意義與價值卻又有所不同。

在心理諮詢與治療中有所謂的「意義療法」[2]，這是由著名心理學家維克多・法蘭克（Viktor Frankl）開發創始的。第二次世界大戰時，身為猶太人的法蘭克全家都被關進奧斯維辛集中營，除了他和妹妹之外，其他家人全部不幸身亡。在被關進集中營後，他一部未完成的書稿也被沒收了，重寫這部書的渴望支撐他想盡一切辦法活下去，這是他在集中營生活中找到的唯一意義。在經歷了煉獄般的痛苦後，法蘭克得以回歸正常生活，並以心理學家的視角，把自己的經歷和感悟寫成了《活出意義來》一書，開創了心理治療的意義療法。他的書鼓舞了很多人，其核心觀點是：不管生活有多苦難，一旦找到意義，痛苦就不再是不能忍受的了。

那我們該如何找到意義呢？每個人對意義的理解不同，各個意義的理論之間，其實並沒有某一種意義在倫理方面具有絕對的優先性。即使是不同的人做著相同的事情，這件事對兩個人的意義也不同。例如，同樣從事心理諮商工作，有些人可能僅僅把它當成一種謀生方式，但有些人可能認為這個工作任重道遠，能不斷接觸人類心靈的複雜性，而這種複雜性也有助於他反思自身的複雜性。

---

2 協助患者從生活中領悟自己生命的意義，藉以改變其人生觀，進而面對現實，積極樂觀地活下去，努力追求生命的意義。

我們有時會碰到一些不順心的事情，對心理造成困擾，這或許是在提醒我們思考，我們的價值、信念和意義是否與時俱進，又是否符合自己當前的生活、當前的人生階段。

所以從這個角度來看，我們人生中的一些不如意，甚至是心理疾病，也可能是一種徵兆，因為它正在提醒我們重新檢視自己的人生新三觀。

重新設計自己的人生程式

如果以電腦來做比喻，我們的信念系統就像個作業系統，有時可以透過更新加以升級，但最後我們可能仍需丟棄這個老舊的系統，重新進行程式設計。

重新程式設計並不是件容易的事，因為大部分的人都會追求熟悉感，任何破壞常規的情況通常都會造成不適。

前文中我們已經做過檢視身分標籤的想法實驗，你每天都可以做一遍，因為在不同的情況下，你對某個標籤的敏感度是不同的。

一旦匯集所有標籤，你還可以把它們影印成三十一張。以一個月三十一天來計算，試試看自己願意在哪一天除去哪個標籤，如果你能持續做一個月，藉由不斷增減標籤，就具有重新程式設計的效果。當你在下個月的月初再次列出標籤清單時，很可能和上個月所列的內容會有很大的不同，因為我們會因不斷反思而改變。

學生身分是人生前期的重要標籤

以我們的人生來看，青春期就是一個迅速重新程式設計的變化期。在青春期前，人們只會意識到自己是屬於某個家裡的人，父母、兄弟姐妹等親人，就幾乎是他們的全部世界了。

青春期前的孩子，對世界的認識還不多，也沒有真正的比較能力，但他們堅信自己的家人比別人的厲害。我曾聽過一個故事：有兩個小孩在聊天，一個小孩說，我小阿姨在美國；另外一個小孩說，那有什麼，我表姐還在長沙呢。從這個故事中，你就能感受到他們的認知還不是很清晰，所以他們會特別執著於自己是某個家裡的人，並且認為這個家非常完美，它比鄰居家、同學家都好。

隨著年齡增長，孩子便不再那麼堅守自己的家庭標籤，有些孩子在即將進入青春期或青春期早期時，還會產生離家出走的想法，甚至有少數的孩子真的會付諸行動。這個時候的孩子會有一股力量，讓他們想撕掉自己是家中一份子的標籤，有人甚至會想像自己的親生父母或許另有其人，如果這種想像達到了這種程度，就屬於非血統妄想[3]，但這種症狀其實也是在反映心底的懷疑與不安全感。

隨著青春期的到來，我們會比較重視自己在學校的各種身分。比如，我是班長、我是組長、我成績獲得優等……等，這些身分都是我們新增加的標籤。又或是我是誰的男朋友、大家都這麼看我……等，這種標籤也是前所未有的，尤其是帶有性別特徵的標籤，也代表有點正式與成熟的意涵。

這個時期還會有前文中提過的群體行為，也會有偶像崇拜行為。偶像崇拜行為和群體行為有關，因為崇拜同一個偶像的人，自然會形成一個大的群體，只是由於這個群體規模太大，並不是所有成員都彼此認識。

這個時期我們的標籤會經歷一次洗牌，三觀也會發生很大的變化，我們更在意的首先可能是老師怎麼看我們，其次是我們的同儕怎麼看我們。在這樣的動盪期過去後，我們就成年了。雖然自己還是自己，但這時我們很多的信念和標籤都已經發生巨

---

3 堅信自己非父母所生，或孩子非自己親生。

大的變化。

由於擔任學生角色的時間很長，程式設計工作基本上會在這段時期完成。進入成年後，程式設計工作不會有太劇烈的變動。很多在學校工作的輔導老師會有這樣的經驗：一些大學生在大三、大四，也就是快要步入社會之前，會出現心理危機，因為他們即將失去從幼稚園到大學長達二十年的學生身分，會覺得難以適應。

底層信念出現動盪的中年時期

但隨著時間的推移，我們會成功適應標籤的變化，在社會中找到自己的位置。

孔子曾說：「吾十有五而志於學，三十而立，四十而不惑，五十而知天命，六十而耳順，七十而從心所欲，不踰矩。」三十歲左右，我們會有一個穩定的作業系統，這時我們可能會習慣維持一堆標籤，因為這些標籤是不能隨意撕掉的。例如你是個上班族，不是隨時都可以辭職，任性地過自己想過的生活；又或者你已結婚生子，不能輕率離婚、拋家棄子，如願地恢復單身。我們會在這樣一種不好不壞的安穩狀態下，度過很長一段時間的標籤穩定期。

如果我們適應得還不錯，自然就會形成自己的新三觀系統，也可能會把自己的三觀傳遞給下一代，然後下一代也將這種系統用於他們的人生。這樣，我們的生命就因三觀的延續而延長。從這個角度來說，這時我們的人生好像已經更加穩定了。

可是接下來，人到中年，這是個動盪程度和青春期相似的階段，但它持續的時間比較長，變化程度也比較大。

中年危機和青春期危機一樣具有普遍性，每個人都可能會遇到，這時我們的標籤會再次被動搖：如果你失業了，你的職業標籤就被撕掉了；如果你的婚姻或親密關係出現裂痕，你的婚戀標籤也會發生變化。有些人在這時會出現一些真正的危機，可能會覺得很不快樂，甚至達到憂鬱症的程度；也可能他自己並不憂鬱，但他的人格中一直被忽視的消極部分悄悄傳給了下一代，如果下一代的信念系統還沒那麼牢固，很有可能就會被感染且發病，人生也會隨之黯然。

但標籤的動搖是有其價值與意義的。如果一個人原來走在一條虛假的道路上（當然這種虛假是事後才會恍然大悟的），現在的危機就會促使他去看一看這條路是不是自己真正想走的路。年輕人可能會因為還不夠社會化，所以會產生不適應的問題，但中年人通常不會有這種困擾，如果一個人在中年時期出現了長期且難以適應的不舒服，並且「久治不癒」，那就傳達出一種訊息——他的底層可能有某種更深刻的信念系統要破土而出了。

外在的危機其實是底層信念出現變動的表現。從積極的角度而言，它的意義是重新認識自我，原來的自我雖然充滿家族的指望，但說穿了，也只不過是家族泡影的承擔者。現在這個泡泡吹不出來了，或是要破滅了，這對真實的自己而言，正是個認識自我的機會。

原生家庭對人的影響在中年時期最弱，因為對某些人而言，此時雙親可能已經去世了，所以他們可以走自己的路。中年危機也能讓人生重新程式設計，如果成功度過這場危機，生命之河會自然變寬廣，或改道朝另外一個方向流去。

第五章

新生：勇敢面對真我，成就更強大的自己

活出新生是一個不斷做減法的過程；是一個拋棄不適合自己的規則、撕下不適合自己標籤的過程；也是一個不斷接納新事物、不斷整合的過程。

如果撕掉了所有的標籤，我們還剩下些什麼呢？如果走到了內心的無人區，能找到什麼樣的力量呢？

若能增加觀察事物的角度，比如重新定義自己曾經不那麼好的經歷、整合人與世界的複雜性、坦然面對未知與確定性帶來的失控感，那麼我們必然會成長，人生之路也將越走越寬。你要相信，你值得美好而充實的人生。

鬆綁來自原生家庭的束縛

有關標籤的增減，我們在前面已經做過一些想法實驗，所以我們可以思考一下，如果把所有的標籤都撕掉，我們還剩下些什麼？我們究竟是誰？在做這個實驗時，有沒有哪個標籤是我們長期都想去除，但卻始終無法擺脫的？

對絕大多數人來說，與家人相關的標籤就屬於這一類。我們越想把這個標籤撕掉，它就會貼得更牢固。

走出家庭情結，尋找真正的自我價值

我的很多來訪者原來非常不認同自己的父母，甚至對他們充滿敵意，可是經過多年的諮商，他們發現，實際上自己對父母的認同程度比自己所表現的要高得多。尤其

是日後他們也為人父母時，就會驚訝地發現，他們幾乎完全變成了父母的翻版。所以你可以想一想，你對「自己是誰的孩子」這一點的認同程度究竟有多深。

比如，因為你是某某的孩子，這是從一出生就注定的，所以在成長的過程中就會受到對方心理配重的影響，形成現在的性格。平常可能還要在生活中顧及父母的面子，考慮他們的感受，尊重他們的意見，這樣已經做了幾十年，如果一旦不再繼續做，似乎就是背叛，甚至會被扣上「不孝」的帽子。所以大部分人的情緒、防禦、信念系統的主要來源，仍然是家庭。

標籤就像臍帶、胎盤，你與它密不可分，血肉相連。所以要撕掉某些標籤真的很難，哪怕只是在心理層面上的去除。

到了中年，有些人的「我是某個家庭的人」的標籤已經被撕掉。比如有的來訪者會在父母重病時來接受諮商，因為這時，他處於即將失去與父母非常密切連結的境地。他不知道伴隨著這種失去，人生會有什麼變化，因為這種可能性是他無法思考的。

在心理層面，「我屬於某個家庭」這個標籤是最難撕掉的。可是很多困擾與痛苦、不自由與不自在，卻都來自這個標籤。我這樣說並不是要鼓勵所有人要脫離家庭，「從家庭情結中走出來」和「脫離家庭」是不同的，完全撕掉「我屬於某個家庭」標籤的難度很高，但解放被困在家庭情結中的自己，讓自己即使仍生活在這個家裡，也能獲得高度的自由，這件事的難度就小得多了。

想像「你的父母不是你的父母」

有些中年的來訪者無法想像自己不是父母的孩子，失去了父母又會變成什麼樣子。但這種思考對他們而言，其實是危機中的機會，有利於他們拓展對自我的認知。

在有了充足而豐富的人生經歷後，我們會發現自己在不斷尋求父母的替代物。不論是向老師、上司或伴侶的尋求，都是家庭情結，也是種無形的標籤。在處理這些標籤時，與其放任它們被撕去，不如在內心進行想法實驗。

許多人和父母互動的困難之處在於，自己真的是太把對方看作自己的父母了。我們被這樣的標籤困住，不僅有礙自身的發展，也不利於我們與父母的連結，雙方都太執著於「父母」與「孩子」的身分。

有時候我會碰到年紀較大的來訪者，他的孩子已經成年，這時會有一種普遍的現象：如果一個年齡和自己孩子相仿的人，表現出與自己孩子同樣的，或是更惡劣的行為，他們並不會在意；但如果自己的孩子有相同的行為，他們就會很生氣。之所以會這樣，問題就在於他太把孩子當成自己的孩子了。這個標籤同時束縛了貼標籤者和被貼標籤者，它就像危險的膠水，牢牢地黏在彼此身上，困住我們的思維，讓我們完全無法思考沒有這個標籤的後果。

但是，假如我們能在這點有些改變，哪怕只是關係中的一方有些許改變，帶來的效果通常也是正面的。如果你對自己說：「我不是家裡的人，對方也並非我的父母。」以這樣的心態看待父母，可能更容易產生同理心和慈悲感，也會緩解水火不容的親子關係。

所以，如果能在這方面開始不同於以往的鬆綁過程，我們的人生就會有很大程度的解放或放鬆。事實上，一個療程夠長、具有分析性的心理諮商，就是在做鬆綁的工作。

探索內心的無人區

這世上有很多地方是無人區，那些地區人跡罕至，或許風景優美如畫，也可能充滿崇山險水。

除了自然環境之外，我們每個人的內心也有無人區，有些是相對無人區，有些是絕對無人區。雖然是「無人區」，但我們也不能忽略它的存在，因為這些地方同樣是我們內在的一部分。

發掘內在的空曠地帶

在內心的相對無人區就是很少有人瞭解的隱密角落，比如只有很親密的朋友、你的心理諮商師，或是一個不知名的網友去過。再更深一層，可能就只有你自己去過——但你也只是在那裡待了一會兒，知道它在哪裡，但並不太熟悉。而絕對無人區，就是你自己也從未去過的地方。

無人區和上一篇文章談到的死亡有關，兩者的道理也相同。我們的內心有許多面向，就猶如花朵有多片花瓣，有一些是大家都能看得到，也是拍照時總能被拍到的外層；有些花瓣則可能直到花朵枯萎都沒能被看到；還有一些像是無花果的花一樣，是藏在果實裡。

本書常以花作為最基本的比喻，是因為花象徵綻放與富饒，而且通常花都會結果，果實象徵生命與生命的連結。

疫情讓人找回與自己連結的時刻

由於社交活動是維護標籤系統的外在「加油站」，因此只要社交活動不減少，我們維護標籤的活動也不會減少，也會有進行社交活動時應呈現的樣貌，這些樣子是我們「正常生活」中的常態。但如果這種習以為常變得不平常後，我們可能就要面對自己的很多東西了。

比如疫情期間，大家都待在家裡無法外出，這種被迫減少與人接觸的狀態，看起來就是一種社交孤立的寂寞狀態，當我們「被迫閉關」時，每天受到的外界影響也逐漸減少。

在剛被隔離的前幾天，我們可能仍維持著活躍的社交活動，比如喝酒、吃飯、聊天等，都可以透過網路視訊的方式在線上進行，此時我們的生活大部分仍是藉由與他人互動形塑而成。我們處於精心裝飾花瓣的最外層，因為我們覺得這是必要的，生活慣性讓人覺得應該保持這種連續性。

之後，你的網路社交活動頻率會逐漸減少，被他人所影響及塑造的部分也會變少，以自己為中心的部分則會增加。久而久之，可能你願意或能夠適應他人的迎合性已經比原來降低許多，最後你會逐漸適應這種相對孤立的生活。你的體驗將主要來自自己的內心，就好像外層的花瓣脫落了，或者說閉合了。

在這種情況下，內層花瓣就有了綻放的可能性，我們內心很多的無人區可能會被自己探索到，或被我們駐足眺望。這種內在探索的增加是社交減少的結果，但前提是你認為自己內在這些人跡罕至之處有存在的意義。

發現隱藏的力量

有些人平時在工作和生活中表現的是自己外向的部分，但也有可能他其實是個內向的人。比如，他在疫情期間待在家時，可能就走進了自己的內心，走回自己的童年時代最熟悉、最自在的一個相對無人區，他發現原來心靈的故鄉就在這裡，只是他離開太久，曾經繁花盛開的家園都已經荒蕪了，他可能會重拾往日的記憶，重新打理已經廢棄的院落，並且在這裡為自己充電。

這些還都是童年的記憶，再往深處走，他可能會淡化自己非常執著的「人的部分」。這時他通常會有一些體驗，這些體驗不能簡單被稱為情緒，他可能會體驗到很強的悲傷感，而這種悲傷感正如我所說的，也可以是一種力量來源。

當我們沉浸在悲傷中時，可能會產生一種意象：我們並非是在體驗某個人的悲傷感，這種悲傷好像沒有主人，它是自己存在著，不屬於任何人。這時，你無須擔心自己是不是罹患憂鬱症，你只不過是抵達了一片無人之境。但這些東西是存在的，而且充滿了原始的力量。

我們如果不想在這片無人區白走一遭，就應該追求這種原始的力量。我們能否在這裡汲取能量？當我們離開這片土地時，如果內心越來越清楚明白，並意識到自己所隱藏的力量，不再那麼在意或懼怕別人的想法或好惡，那這是一次收穫滿滿的探索，你的內心從此有了一片堅毅的領土，這就是我所說的底氣。

大家常用的底氣，大多指與他人競爭的自信和勇氣。而上面所說的底氣則不同，如果你能克服並且整合那種深刻的孤獨，那與人的互動又有什麼好怕的呢？你有一大片屬於自己的土地，你的人生有可以退守之處，這會讓你產生很大的安全感。這種安全感來自你自己，這就是你的底氣，也不會被他人輕易擊垮。

心靈的超越——從對立、轉化到改變

這一篇我們來討論「超越」的問題。

我們在遇到困擾或壓力時，可能會產生想把這些情緒推移到一旁的防禦機制，或是擁有無法解決問題的悲觀信念。就某個層面來說，這些壓力、機制和信念是消極的，因為它們試圖戳破那些我們長久以來信以為真的泡影；但從另一方面來看，它們也有積極的意義，因為我們能藉此醒悟到，那些泡影給予的虛假安全感，終究是靠不住的。

內在自我的持續發展，需要我們不斷超越自身的安全感。當我們從一種安全感跨向另外一種更真實、更可靠的安全感時，一定會歷經某些暫時的不適應，甚至覺得這個過渡如同災難。那麼，我們如何做到超越呢？

化解對立，才能解決衝突

心理學家榮格對「超越」提出了一個名為「超越功能」的理論，這是指對立兩者的融合，就像是把兩種顏料混合並形成一種新的顏料。

我們很多時候之所以會陷入各式各樣的情緒或人際困擾，就是因為我們極度缺乏超越的空間。

比如，當我們置身在一片茂密的森林裡會很容易迷失方向，但如果從空中俯瞰，可能很容易就會發現我們一直在原地打轉。如果我們始終處於二度空間內，就很難看到從另一個維度所能見到的空間全貌。

以這樣的角度來思考人際間的困擾，它們又有多大程度是由於我們內心過於強調自己和他人的對立面而產生的呢？

我曾和一位同樣也是從事心理治療的同事，在諮商中心的三樓，看到一樓的空地上，有人正在利用倒車樁進行倒車練習。我的同事說，這個時候其實駕駛應該要和方向盤合一。我回他，你說的沒錯，對新手而言，逐漸學會與方向盤合一是很重要的，但同時，或許我們也應該和倒車樁是合一的，因為它並不在我們的對立面。

就像把一個東西從左手交到右手是件很簡單的事，因為我們會很自然地把雙手視為自己的一部分，所以完成這個動作易如反掌。但如果我們的神經系統出了問題，再簡單的事情可能也會變得困難重重，把東西從左手交到右手就變成一個需要反覆練習的過程，因為此時的雙手已經變得對立，並不是聽命於同一個大腦。

人際關係也是如此。很多時候，我們太把對方當成對方，這種想法的優點是，我們可以有非常明確的認知：這個是我的，那個不是我的；這個是我想要的，那個是對方不想讓我要的。這種思考模式可以讓我們更加適應社會。

但如果到了一定程度後還是這樣做，就有些捨本逐末了。舉個例子。一個家庭在碰到某些危機後，家庭中的所有成員都會感受到不安，可能有些人敏感一點，有些人會遲鈍些。敏感的人由於先體會到這種不安，如果這種感覺又超過了他的防禦能力，他就會Hold不住，之後這種壓力就會在家人之間蔓延開來。

從表面上看，家庭成員中的其他人都感受到這樣的傳遞，可是家人之所以能感受到這樣的負面情緒，難道不是因為他們在內隱的層面早已感覺到了嗎？而且往往由於他們感覺到這種負面情緒，啟動了防禦模式，所以當別人試圖攻破防禦時，他們很可能會產生強烈的不安，或者惱羞成怒。在這時他們一定會把這個麻煩像火球一樣再丟回去，或是丟給其他人，直到這個家庭變成一片火海。

家庭在進入這種惡性循環後，一定會試圖找出一個代罪羔羊。然而每個人都不想承認自己是問題的製造者、維持者或傳遞者，每個人都太執著於自己是正常的，或認為自己是受害者。這樣一來，火勢就無法變弱，每個人都讓它燒得更旺了。

家庭諮商和家庭治療的目的就是讓大家超越這種對立，讓每個家人都能明白：我們都在同一條船上，船之所以失火不一定是某個成員造成的；當家庭陷入危機時，也不是家人有意引火上身的。「傳火球」的行為無法解決困難，唯要放下彼此之間界限分明的想法，一起面對難題，才是解決之道。

探索自我，困而知之

只要一碰到問題，通常我們的自動思考就會尋找誰是麻煩製造者。可是問題可能很複雜，光靠一個人是不可能造成問題的，即使問題是以一個人的形式呈現，其背後也有更為深刻的系統危機。這個危機或許換個角度看來顯而易見，但如果我們在解決問題的過程中無法超越問題所在的維度，很可能就會被這個問題困住。

我們的人生系統會從單一、簡單，成長為複雜、均衡。在這個過程中，我們不斷超越過去的維度，增加或改變觀察事物的角度。但與此同時，我們也要付出代價。通常會面臨的情況是，我們尋求上升，可是上升得還不夠高；我們看到更多的問題，但能力還跟不上思維的增長，這時就會陷入一種困境。

有關人生、自我的知識，有的是「學而知之」，有的是「生而知之」，也有的是「困而知之」，上述所說的就是困而知之的情況。我們可能無法消化這種苦惱，又要重回原來比較扁平的思考方式裡。

你沒有站在一個更高的維度發現生活中的可能性和事實，並不意味它們不存在。就像是洪水來襲時，如果某個地方的水上漲了，你可以到一個暫時還未被水淹沒的地方躲避，然而這並不表示洪水會因此就不再上漲。

我們要面對現實。所以當被生活漸漸逼到死角、逼到困境裡，吃過很多次虧，受了很多次傷時，如果從超越的視角來看，這有沒有可能是一次成長的機會？我們能不能忍住痛苦、承受不確定性，以另一個角度審視自己的生活？唯有如此，我們才能成為自己生活的主宰。

我們有時也會需要一些外在的支點，比如多接觸一些特別的人，這些人不一定是世俗所認定的成功人士，但因為他們的視角和我們不一樣，不同想法產生的激盪可能會使我們的思考變得更豐富。或許不同信念的衝突，會暫時帶來一些不那麼舒服的感受，但這種不舒服之中，也包含讓你成長和超越的可能性，形成轉化和前進的動力。

超越一定沒那麼容易實現，甚至有時候我們還會不進反退。但只有當我們的內心認定有超越的可能性時，外在的人生才有機會實現超越。

面對當下的勇氣

接下來的幾篇文章，我會集中討論「勇氣」。

勇氣分為很多種，有見義勇為，也有匹夫之勇，而我此處探討的主要靈感是來自心理學家阿德勒，他在心理學體系中首先討論了有關「勇氣」的議題。阿德勒心理學所分析的勇氣，是指面對當下，面對內在的、深層自我的勇氣。

為什麼你「不敢覺得累」？

「當下」是近幾年的熱門關鍵字。但人們對當下有很多誤解，其中最常見的一種誤解是：當下和過去或未來的事情都毫無關聯，彷彿當下只是放在載玻片和蓋玻片中間的人生切片。

但真正的當下是個複雜的、動態的、具有之前經驗的整體，也一定會不斷和過去與未來互相連結。當我們缺乏面對真正的當下的勇氣時，也很容易會啟動防禦機制，將「活在當下」作為逃避的藉口。

如果在「對的當下」體驗，你會發現最可靠的是我們的身體。很多人把行程表排得很滿，把時間管理得非常嚴謹而科學，可是在這些安排裡，身體只是被當成工具使用，它並未進入當下。如果我們用心體會身體的感受，很多時候會發現身體是疲憊的、不情願的，甚至是麻木無感的。

現代人常缺乏面對身體處於疲累狀態的勇氣，因為如果一旦面對，我們就得停下腳步喘口氣，很多想法或計畫也就無法進行了。

但身體是面對當下時非常重要的錨定點。身體會產生很多感受，這些感受會催生很多情緒，一些經常出現的情緒就會形成心境。

傾聽內心「再等一下」的聲音

當我們把專注的焦點放在此時此刻後，會發現身體一直在剖析情緒，進而妨礙我們體驗當下。

比如，當我們發自內心地不想做某件事情時，會感到厭惡，但為了順利完成任務，大腦就會將這種反抗的情緒拒於門外。如果我們的心關注到這些無法進入當下、但又確實存在的情緒體驗，我們很可能會改變心意，放棄做那件事情。然而三心二意或改變心意，會被大腦判斷成一種非常可怕的行為，所以我們通常缺乏勇氣來面對這種當下。

對於任務與挑戰，我們當然想要贏得成功，所以我們刻意忽略內心不合作、會妨礙我們成功的那些部分。例如有些人事情多到堆積如山，卻遲遲無法付諸行動，他也不明白自己為什麼會有拖延症，但如果真正關注當下，他會發現，他內心有很大一部分，不喜歡他目前正在卯足全力或打算全力以赴的事，而且他可能要面對計畫將無法準時完成的可能性。

再往下探索細究，他就會聽到內在的聲音，像是：究竟是誰想實行這個計畫？是父母、老師、主管，還是伴侶？這些聲音不是在我們關注它時才神奇地冒出來，其實它一直都在，只不過我們缺少面對自己沒那麼完美、面對問題總是逃避或拖延的勇氣。

對未來的期待，會使當下的體驗受限

透過上述列舉的例子，大家可以發現，當下的情緒體驗與身體體驗，是在結合過去的經驗與未來的規劃後，綜合得出的結果，而且這兩個層面和我們當下的經驗是環環相扣的。

比如，你今天要去車站接一個多年不見的老友，這時你會從自己的記憶中找出與這個人有關的一切資訊。你會回想這個人曾經是什麼樣子，現在可能又變成了什麼樣子。我們當下所形成對這個人的感知，同時包含了過去和未來兩個維度。

未來維度是我們對這個人的設想，過去維度是我們對與這個人相關資訊的調取。所以在每一個當下，我們都會先看向未來，因為我們會設想某種意象，然後再從過往的體驗中摘取與這個意象有關的元素，進而形成當下的體驗。

與久違的老友見面是個很日常的例子，但當我們遇到心理障礙時也是同樣的情況，它一定包含了我們對未來的某種預期，因為如果我們對未來完全沒有任何期待，就不會產生心理障礙。

又例如你打算換工作或期待能談場戀愛，那麼這時「未來」就會在我們的心中占據很大的比例，使我們對「當下」的體驗被窄化。如前面所說，我們在面對未來的未知性會調取自己的記憶，若是你既往的經歷中有很多受挫的部分，那麼你在當下很有可能就會自動過濾並篩除掉那些挫敗的經驗。

有些人會認為：「我不是這樣，我有勇氣面對挫折與挑戰。」但這些人的勇氣是要加引號的，因為他們缺少那種更深刻的勇氣，也就是接納完全不一樣的自己。

此外，有些人在收到別人正面的評價時反而會退縮，因為這種經驗無法與他的當下進行整合，他總是習慣性地覺得自己很糟。他有勇氣面對糟糕的自己，卻不敢面對優秀的自己。所以如果想不斷「超越」，我們不僅僅要接受自己糟糕的部分，也需要接受自己會變得更好的事實。

找回完整的自己——自我整合

無論是整合還是整體，聽起來都是帶有稱讚之意的正面詞彙。當我們認為一個人很有自己的想法，可能會說這個人的觀念具有整合性，富整體觀，有大局意識。但我認為事情沒那麼簡單，我們很可能聲稱很喜歡，但真正付諸行動時又會由衷地討厭。

比起做好人，我們更需要做完整的人

我們的內心常充滿衝突，經常變來變去，我們會感到困惑，究竟哪一個才是真正的自己？所以我們會有一種整合的願景，希望自己的內在世界和諧統一。這種期待很好，臨床心理學各方面的研究也無一不導向「整合」，但它到底難在哪裡？

首先，它的困難之處在於沒有人會喜歡自己的缺點。我們不好的方面可以被視為陰影，而陰影可能會在人際關係中進行配重，比如我們不喜歡那些自視甚高的人，但這種目中無人的特性可能就是我們自身的一部分；我們討厭很有權力欲、支配欲的人，但很可能我們就善於操控別人。這些情況都是我們的陰影在為我們配重。

把這些自己投射出去的部分再整合回自己身上，得需要多大的勇氣！

就像將越多顏料混合在一起，顏色就會變得越黑，我們自身人格的整合也是一樣的道理。當我們把去除的部分逐一收回時，可能原本看起來很清澈的自我就變得混沌了，這時我們會體驗到更多難以言說的情緒，會搞不清楚身體的感受和在腦海中若隱若現的信念，生活猶如碰到亂流的飛機，進入動盪狀態，但同時我們的整體性也會在此時開始呈現。

我們會按照自己的認知方式來理解這個世界。像是小孩從不會說話到會說話的過程中，會學習到什麼是高矮胖瘦黑白，也會學習到什麼是好人壞人。他們也會在動畫片中，看到有些動物儘管是猛獸，卻代表好的形象，比如熊等；另外一些動物，比如蛇，很自然就代表壞的、邪惡的意象。在建立這些對立範疇的同時，我們具有整體性的原始經驗已經逐漸被割裂了。

如果想自我整合，我們需要依序敲一敲內在那些暗示的門，喚醒自己的某些部分。當內在這麼多的自己都被喚醒時，我們的內心當然會出現很多雜音，提升你整合的難度。

但其實我們不需要做完美的人，而要保有整體性。人生要追求的是「完整」而非完美。榮格曾說：「與其做好人，我寧願做一個完整的人。」真正發自內心的自信，不是在自我感覺良好時，而是當你也感到自己不好時，仍能意識到自己是完整的，所以自我整合才是對自身的真實認同。

接納底層的自己，才能抵達高層次的自己

在走向整合的過程中，我們在內心至少會進入一個波動期，也可能有人會感受到非常大的震撼。因為他並不想整合，但症狀的出現顯示他人格中有其他部分的存在，而這些部分把他嚇到了。

當人們說喜歡「完整的自己」，他可能不知道，這裡面也會包含很多雜音，又或

許他樂觀地認為只要指揮得當，這些雜音也能變成交響樂——這是不錯的自我期許，但事實上雜音組成的交響樂並沒那麼動聽。屬於我們習以為常的部分，的確可能比較容易變成交響樂；但屬於我們內在深層的部分，也就是狂野、撕扯、糾結的那些部分，就很難說了。

自我整合是種更圓滿的人生形態，也是一種人生的信念，但很多人寧願待在一個熟悉的安全區，也不願意面對完整的自己。

我在工作中碰到的來訪者，有些人會被迫離開舒適圈，這些人其實就是被迫走上了整合之路。所以當我們說希望人要有面對自己的勇氣時，這種勇氣並非是天生，而是「走夜路」訓練出來的。這些來訪者一開始都被嚇壞了，他們以為只有自己一個人走在夜路上。但諮商師會讓他們知道，這條夜路也曾有許多人走過，他們並不孤單，勇氣也正是從那些走過夜路的人那裡口耳相傳得來的。

諮商師的勇氣也不是與生俱來的，而是在諮商過程中匯聚了點點滴滴的勇氣所積累。一個足夠長的諮商過程，就是把面對身心一致的勇氣一點一滴地傳遞給來訪者，而且這種傳遞是雙向的。當來訪者能獨立走這段路時，他就有了更大的整體性，這個整體性也會讓諮商師對人類的心理更加敬畏，因敬畏而產生的勇氣其實才是真正的勇氣。

與初生牛犢不畏虎的魯莽不同，在知道人性的複雜、黑暗、不可控之後，依舊能堅定地走向自我整合的勇氣，才是真正的勇氣。一旦有了這種勇氣，這個世界還有什麼可怕的呢？

克服對未知的恐懼

前文分析了面對整體、自我整合的勇氣，接下來我將說明「面對未知」的勇氣。如果擁有面對未知的勇氣，其實你就能很輕易地面對整體性了。

日常多半是可控的未知

生活中為什麼需要面對未知的勇氣呢？從自我發展的角度而言，我們之所以能處理好每天的事務，是因為我們覺得這個世界是可控的。

比如，地鐵總是會在某個時間點經過某一站，而接下來你會在什麼時間出現在公司或學校，都是可預測的。如果沒有意外發生，生活中那些可控的未知性，我們都能透過思考的方法處理好。

不要小看這種習以為常，雖然這是大部分的人認為再平常不過的事情。但如果是罹患恐慌症的人，他會覺得今天如果出門，可能過馬路時會被車撞死；或當他到地鐵站時，地鐵站甚至會崩塌。會有這樣的恐懼，是因為他喪失了日常生活中最基本面對未知的勇氣。當一個人沒有該具備的基本勇氣值時，這個世界的可怕就會時時刻刻對你席捲而來。

人生需要升級版的勇氣

每個人適應環境的速度不同，適應較慢的人，是因為新的環境中有很多未知的東西，當他們面對未知的焦慮感太強烈，就會延緩進程。

有些人在這一點上非常極端。例如去外地出差，會因為認床而失眠。他們對晚上睡覺的地方有一種身體層面的記憶，當床變得不熟悉時，他們就會缺乏安全感，處於保持警戒的狀態。有些人真的會擔心晚上床會坍塌，這就是因為缺少從以前的舒適圈移動到未來舒適圈時，所需要的2.0版的勇氣。

1.0版本的勇氣主要來自對母親的信任，如果母親能充滿關愛地持續提供撫慰養育，我們就會產生基本的信任感，這種信任感會使我們有足夠的勇氣面對日常生活中的不確定性。但有些人只擁有1.0版的勇氣，缺乏2.0版的勇氣，原因可能是這個人的撫養者對更換環境比較焦慮，所提供的勇氣也因此大打折扣，所以這個人長大後在這方面的勇氣也會少一些。

不過，大多數人都會同時具有這兩個版本的勇氣。也有一些人，或主動或被動地進入了更大且未知的場域，比如如果罹患某種特殊的恐懼症，這在某種程度上就如同他從母親的視野中消失，甚至從母親的心裡消失了，他將獨立面對一個連他的撫養者都沒有去過的地方。這時他需要的勇氣就是3.0版的勇氣。

有些人在進行3.0版的勇氣訓練中，無法從父母那裡獲得資源和信心，因而陷入精神或心理障礙，甚至會罹患嚴重的心理疾病。

你的勇敢，也能激發別人的勇氣

如何才能具有這種勇氣呢？以心理學家榮格為例。榮格原本和他的老師佛洛伊德的關係很好，情同父子，但後來他們決裂了，以現在精神醫學的角度來看，當時的榮格已經處於精神分裂症發病的狀態。那個時候對他而言，好的方面是，更大的整體性在他面前呈現；壞的方面是，更多的未知也出現了。幾乎瘋掉的他，幸而最終沒有變成瘋子，而是成為精神病醫生。

榮格在未知的領域獨自探索了很久。藉由他後來的手稿、回憶錄、當時的畫作，我們可以發現，他到了很多人未曾去過的境地，也到過有人去過卻沒走出來的地方，更到過有人可能曾正常回來，但卻沒有足夠的才華繪製成地圖的地方。榮格在這一點上非常幸運，也非常有勇氣，他帶著那個地方的地圖回來了，形成了榮格學派。

如果你遇到棘手的事情，或很大的麻煩，即使情況糟到讓你甚至要崩潰了，但你的這些狀態都曾有人經歷過，所以你完全可以從前人那裡獲得一些應對的勇氣。

無論你的人生遭遇了什麼，我希望大家都能這樣思考——現在對你而言正是考驗自身勇氣的時候，而且你不只是為自己一個人孤軍奮鬥，如果你成功了，你的勇氣還會為他人提供借鑒。

人生，就是一段不斷告別過去的旅程

隨著書的內容漸漸進入尾聲，我在這篇文章談的話題也與分離及告別有關。雖說分離和告別讓人不捨，但它們也是成長與整合的必要條件。《莊子．齊物論》中說：「方生方死，方死方生。」說明分離和成長其實是一體的，如果你想吃果子，一定要先等花謝，就是這個道理。

從出生那刻起，我們就開始離開父母

人類生命的開端——出生，其實也是一種告別。從心理學的角度來看，有些人會有「出生創傷」，因為在母體內，我們體驗到的世界非常穩定，那裡什麼都有。出生會讓我們告別這樣一個萬物齊備之處，所以嬰兒都是哭著來到世上的。

儘管大部分家庭都會欣喜地迎接新生命，可是對母親而言，隨著孩子的出生，她和孩子所共用的一段生命也就迎來了告別。為什麼說是「共用的生命」呢？懷孕的女性都會強烈感受到一個新生命在她體內孕育，她會有一種和別人共用生命，同時又以自己的生命去養育另外一個生命的體驗。

如果母親非常眷戀這種體驗，那麼孩子的出生對母親而言可能就是一種心理創傷，會讓母親產生很強烈的失落感。如果深層探究出現產後憂鬱的原因，可能會追溯到這種出生創傷的影響。

孩子在一開始當然什麼都不知道，他只是被帶到了世間，和母親被動分離、被動告別。他不知道自己的人生接下來還會有一長串的分離和告別，也正是透過這樣的過程，他才能成熟，才能體驗生命，並走向一個完整的人生。

比如，斷奶也是一種告別，這時的告別通常是被動的。孩子還在母體內時，可以直接從母親那裡獲得營養；孩子出生後，他們仍然透過吃奶的方式從另一個人身上獲得養分。所以斷奶對孩子而言，就代表從此他得靠自己的能力，從這個世界獲取食物了。

這樣一來，孩子就告別了一種隨時可以獲得營養的狀態。也正是因為這樣的告別，他開始主動探索這個世界。接下來他就會走路、會說話、會向大人要東西，再接著，他會與父母分床睡。

與父母分床對很多孩子而言是不愉快的體驗，因為小孩其實習慣旁邊有大人做他的保護者，這樣他會睡得更安穩。所以在分床時，小孩可能會有一些不適應的表現，如睡眠品質變差、哭鬧、做惡夢等。當他能克服這種分離焦慮時，他會發現，自己不但想分床睡，還想分房睡。

總有一天，孩子不僅不希望父母去他的房間，甚至還會鎖上房門，形成一個屬於自己的空間。在外在界限被確立後，一個屬於自己的內在空間也會被確立。很多時候，外界與內在是相輔相成的，因為大概從這個時候開始，孩子就會有祕密——有祕密是一個很重要的發展指標。

有些人沒有祕密，是因為他們心智成熟度不足以把某個東西藏到心裡。其實，祕密是形成自我非常重要的部分。你知道，但如果你選擇不說，把這個部分藏在自己的內心世界，這樣，你和他人之間逐漸會有一把鎖、形成一道牆，其實這也是一種分離。

逐漸長大的孩子和父母之間猶如有一個半透明的隔板。隨著隔板不再透明，你會有越來越多的內心活動，同時也喪失與父母親密無間的自己。如果你非常在乎要守護那一部分的自己，或是你的父母非常留戀那個時候的你，無法讓親子間的分離發生，結果就是你的發展會受阻。

走出家庭，學習在學校和同儕相處

接下來，進入學齡期的孩子要去幼兒園了，也就是孩子要從家庭密不可分的聯繫中分離。很多小孩在這個時候會有「入園困難」，常有些小小孩在去幼兒園的路上哭鬧不肯去。這些孩子不知道這僅僅是與家庭分離的第一步，隨著與家庭分離時間的增加，他們會更深刻體驗到這種分離性。如果這樣的分離性能被欣賞、接納，或得到父母的讚許乃至祝福，他們分離的決心就會更加堅定。

等真正進入學生生涯，孩子依舊有很多危機需要克服。一般來說，大學前的學業多半是在自家所在的城市完成，每個晚上或每個週末都能回到家裡，尤其是在高三這段時間，即使是在學校寄宿，父母也常能帶食物或營養補充品去探望孩子。在這段時間，孩子和家庭的關係仍然非常密切。

考上大學後，接下來的分離就是較為正式地離開家庭。有些人雖然在高中階段看起來有心理方面的異常，比如神經衰弱，或是罹患憂鬱症，但當他們進入大學，與自己的家庭分離後，這些症狀好像都變輕了。我們有時能看出家庭在他們身上施加了怎樣的影響，尤其是負面的影響。

很多人在大學期間會投入真正的戀愛。為什麼我說是「真正的戀愛」呢？因為在高中時期，戀愛可能在很多方面都是不被允許和鼓勵的，但在大學時期，它好像就名正言順了，所以人們開始嘗試在與戀人構建的、另一個想像中的家庭中實現自我。這樣的嘗試是很有幫助的，它是人們從原生家庭到建立一個新家庭的過程中必經的練習。

揮別學校，進入社會工作與建立新家庭

到了大學畢業，大部分的人就要與學生身分分離了。

很多人在這時會出現一些不太適應的症狀，不再是學生，也就意味著這個社會可能不會像老師那樣對自己有足夠的包容和指導。面對這樣的不確定時，有人還會出現發展性的異常，例如在工作時把主管投射為老師，覺得自己還是學生。如果此時能順利完成對自己的學生生涯和學生身分帶來的自我感分離和告別，就可以全心全意投入社會。

若能好好適應社會，他可能就會開始準備建立自己的家庭，和單身的自己告別。也有些人捨不得告別，雖然已經成家了，但他的心態並沒有做好準備，這時就會出現一些異常。

再接下來，他會和自己的父母面臨一樣的局面，就是孩子也會與他產生一連串的分離。這是個挑戰，另一方面，下一代開始新的里程對他而言也是一面鏡子。如果我們在以前的發展階段，處理分離時有問題或異常，那麼這些問題或異常很容易在自己的下一代身上被折射。這可能會使人苦惱，但同時也是我們與自己再次分離的機會。

到最後，每個人都會不可避免地走向死亡。人們先走向衰老，再走向死亡，最後與世界分離。如果我們從頭至尾仔細梳理就會發現，我們的人生就是由一連串的分離和告別組成；而且從小孩通往大人的路上，也沒有返程。

告別過去的自己，讓自己變得更好

人生的大多數告別都是我們躲不開的，別人的離去不受我們的控制，生老病死就是自然的規律，而自己想要變成更好的人，也必須走出舒適圈，改變壞習慣。

在不同的人生階段，都有我們各自必修的人生課題。如果一切發展順利，我們的人生會走向圓滿；如果發展不順利，我們會凝固、凍結在自以為是的自我中，或是凝聚在一個別人所期盼的自我中。如果別人覺得你是個好人，時間久了，你就會把「我是好人」的信念深植於心底，在你可能要做「壞事」的時候，即使這件事不一定違法，你也會覺得自己背叛了這個身分。

所以，如果你非常執著地把某個身分當作自己的一部分，即使是「好人」的這種身分，你的經驗其實都是被限制的。因此，我們要有告別的勇氣。不僅是與外界的所有人告別的勇氣，還有與自己告別的勇氣。

唯有學會告別，人生才有意義。和過去的自己告別，就是要改掉自身不好的缺點，讓自己持續進步，不斷變成新的自我，在有限的人生，活出無限的自己。雖然我們難免經歷一些苦痛與不適應，但只要我們努力克服，堅守心中的希望和初心，就能進入一個非常豐富的世界，並在這個世界中不斷與自己即將發展的那些部分相遇。

你值得美好而繁盛的人生

在本書的最後一篇文章，我想與大家分享莊子的理念。

天地有大美

莊子曾說，「聖人者，原天地之美而達萬物之理」「獨與天地精神往來」。這是一種怎樣的境界呢？我覺得天地之美是說，我們就像是進入一座花園，花園裡有各式各樣的花草，每種花都有它的美麗，沒有一種花能包含所有花的美。有些花雖然花形非常漂亮，可是香氣不那麼濃郁；有些花儘管香氣襲人，但花形平凡無奇；有些花的花形和香氣都很好，可惜花期太短；有些花的花期則過長，長到讓人覺得它不是真花，好像是假花。

每一種花都會以自己的方式展現美，而最大的美是透過體驗各種的「小美」獲得的。你如果想欣賞「大美」，就不能長時間盯著一朵花，因為這樣你只能看到一種局限的美。你需要「遊」，遊遍整座花園，穿梭在眾花之間，如此你才能體會到：這裡是美的，那裡也是美的。

看了這麼多的美，你就會感覺「心」與「美」有了直接的接觸。看到我們種在陽臺上的花，可能會覺得它一點都不美，因為它要追逐陽光，枝梢都會伸到窗外，花開時我們能看到的部分很少，都是路人在欣賞。這樣我們是不是吃虧了？其實並沒有，因為我們也可以看到別人家的花開得好不好。

所以我們不要只欣賞某些屬於自己的東西，卻不欣賞不屬於自己的東西，否則我們可能就會被局限在很小的美裡面——認為只有自己得到的、擁有的、占據的，才是美的，這樣我們的人生道路只會越走越窄。

每個人都是種子，只是花期不同

什麼東西是美的呢？如果說媒體推崇或一般大眾所認為的美就是美，多半就會被大家所追捧，這樣我們的人生就被各種的美所局限，甚至出現了「常模崇拜」。也就是正常的標準只有一個，這個標準來自一個參考的群體，只有盡可能地接近常模，你才算正常。

如果別人都穿某個牌子的衣服，而你沒穿，你就在常模之外。但如果我們的人生被這些東西所局限，大家不就都變成「塑膠花」了嗎？在我小時候，有很多家庭都會用塑膠花作為裝飾品，平常隔一段時間就用水沖洗一下，過年前才會仔細清洗。當時也不覺得有什麼奇怪，可是現在才發覺，家裡還是放鮮花才好。鮮花意味著每一朵花都有它的缺憾，而且鮮花也不會像塑膠花一樣一直開下去。我們的人生其實也應該如此。

在物質生活有些匱乏時，或許大家對塑膠花有種崇拜，這種崇拜現在也存在，只不過表現不同，比如我們在滑手機時就會收到許多推播廣告——怎樣的人生才算是成功，怎樣才是贏家……我們被這些廣告所束縛，並下意識地把自己和塑膠花般完美的人生廣告進行對比，千方百計要讓自己符合廣告裡宣揚美好生活的標準，比如一定要去健身房，一定要吃素，一定要去瑞士旅遊，一定要買好車，一定要聽某些課程，看某些人的書……這些「一定要」會在許多層面把我們局限在一個區間內，時間久了，我們就適應了這一切，不會知道天地之間其實是有大美的，更不會有「與萬物同遊」這樣的狂想，生命因此變得貧瘠。

所以繁盛的人生應該像個百花園一樣，每個人的花朵、花香和花期都不同，只有這樣，世界才會繁盛富饒。而且，如果我們能從非常局限的自我中解放，哪怕是偶爾解放，我們也自然會看到其他花朵的美，而不會只看到在自家陽臺上花朵的美。

讓小確幸變成大幸福

當我們增加了欣賞能力，懂得欣賞一些人格特質，我們的心自然也能夠向這些人格學習，也就是見賢思齊。即使我們不認識這個人，我們的人生也會進入審美的境界。

境界不是場所，而是心所能達到的高度。或許你身處的環境仍然非常簡單、質樸，也可能你行經的路上除了人來人往之外，沒有什麼值得駐足欣賞的風景，但如果你不把這些事物都視為理所當然的經驗，你每天都會有新發現。

我自己就會有意識地用這種思維看待萬事萬物。當我看著天上的雲時，它的確隨時都在變化，而且這些變化也不會因為個人的意志而有所改變。比如，當它們變成烏雲時，你可能覺得藍天白雲才會讓你有好心情，但烏雲也不會因為你不喜歡就散去。

所以如果能改變習以為常的思維，用審美的眼光看待外界，我們就能欣賞到非常富饒的世界。當我們每天都這樣做，那麼再次回看內心時，會發現任何事都充滿新鮮感，而我們以前之所以未能有新奇的體驗，是因為當身心產生某些感受時，我們早就將其設定為「這是我的，是我每天都會看到的，習以為常的事物有什麼值得看的？」但如果我們不僅把經驗視為自己的，還把它視為是天地精神的一種顯現，就會發現它其實也很美。

「美學」這個詞在一開始是指我們經驗中的感性維度。如果我們能使自己的生命呈現出這些維度，那麼無論身在何處，我們都能擁有審美的權利。而且自身的發展、每天不同的經驗等，也都和天上的雲朵或花園中的花朵一樣，是可以用來欣賞的東西。

又例如這本書的每篇文章可能都會讓你產生一些不一樣的體驗，如果我們簡單把它們設定為喜歡或討厭，就會損失它們的豐富性。摒除二元對立的思維模式，以開放的心態面對，一切都可能得出不同的答案。

經驗並不意味著一定會讓我們身心歡愉。有時我們聽到一些話的確會覺得內心有點沉重，但當我們回頭看時會發現，無論是曾經喜歡、厭棄或是想逃離的，都會帶給我們不同的感受。或許你會發現，當年你所防禦的東西，如今已經弱化或不存在了。我們自身的情緒也是如此，如果不是在某種刻板關係的框架下加以檢視，情緒也是我們鮮活體驗的一部分，我們可以多給它一些空間，並且期待這些體驗的整合。

結語
先「知己」而後求「自在」

在大學學習微積分時，我才知道無窮大也是有大小之分的，對於兩個無窮集合，可以利用能否建立它們之間的雙射，作為比較其大小的方法。雖然具體該如何比較的知識我早已還給教授，但是這種邏輯一直留在我心裡。

從事心理輔導行業需要每天觀察人心，體會人性。從業十幾年，我最深刻的體會就是：我們的內在都深不可測，各有各的「無窮大」，而且每個人的無窮大都是不可比較的。有時你根據對來訪者的第一印象，在頭腦裡構思了一張「掃描圖」，似乎覺得對他的認識已經八九不離十了。但隨著訪談的深入，你會離這張圖越遠，到這段旅程快結束時，恐怕你早就忘了那張草圖。可能在諮商結束幾年後，某天你在見一位新的來訪者，或者閱讀一本書時，突然又有了新的理解。把之前在學校裡學習的生物學、心理學和哲學知識加總起來，我對人心的瞭解也不過只是冰山一角。

試圖把人心還原成若干條定理的想法是荒唐的，本書也無意如此。這本書是我之前出版的《過好一個你說了不算的人生》的續集，這兩本書都是在幫助讀者求得一個「小自在」。但不「知己」談何自在呢？所以我把在臨床上發現與防禦、情緒和信念等線索，用盡可能簡單樸實的文字與各位分享。

當初我在為「自在心理學」設計大綱時，曾經有過這樣的想法：自在＝自＋在，「自」就是佛洛伊德的「Das Ich」（本我），「自」說的是自己、自我和自身，是一個主體的結構和功能；「在」是海德格爾的Dasein（此在），說的是關係，是自己與他人的關係，甚至與天地萬物的關係。「自在」就包括這兩方面。

我覺得市面上與自我認知相關的書籍都太重視「自」，而忽視乃至貶低了「在」，過於迎合人們試圖「掌握」人生的心思。所以我寫這兩本書的目的，就是希望可以平衡「自」與「在」的占比，書中也都有不少與人際、家庭有關的內容。

身為八〇後的我習慣了「一年更比一年好」，而這一年，世界發生翻天覆地的變化，令我印象深刻，也讓我增添了幾根白髮。和朋友聊天時，發現大家似乎對人生、人心都多了不少思考。從好的方面說，這也許是大家都放慢腳步，增加了向內觀看的機會。我自己在整理書稿時，其實也是在做這件事情。

一本書的出版不是我自己的事情。曾經在壹心理工作的劉璐最開始約我構建這本書的內容，科班出身的她為本書的大綱提供了很多幫助。壹心理的張璐、人民郵電出版社的編輯梁清波、井思瑤和柳小紅，還有插畫師吉星瞳都付出了各自的努力。我的前輩趙旭東、申荷永、鐘年、曾奇峰、朱建軍、吳和鳴諸老師也都給予我真誠的鼓勵，在此一併致謝！

張沛超

二〇二〇年十一月二十四日　於深圳福田

CF00470

突破框架，你的內在無限大：
挖掘底層自我，從內心探尋人生的答案

作者—張沛超
主編—郭香君
企劃—張瑋之
封面設計—木木Lin
內頁排版—新鑫電腦排版工作室

編輯總監—蘇清霖
董事長—趙政岷
出版者—時報文化出版企業股份有限公司
108019臺北市和平西路三段二四〇號四樓
發行專線—（〇二）二三〇六—六八四二
讀者服務專線—〇八〇〇—二三一—七〇五
（〇二）二三〇四—七一〇三
讀者服務傳真—（〇二）二三〇四—六八五八
郵撥—一九三四四七二四時報文化出版公司
信箱—10899臺北華江橋郵局第九九信箱

時報悅讀網—http://www.readingtimes.com.tw
綠活線臉書—https://www.facebook.com/readingtimesgreenlife
法律顧問—理律法律事務所　陳長文律師、李念祖律師
印刷—絃億印刷有限公司
初版一刷—二〇二二年十二月二十三日
定價—新臺幣三六〇元

時報文化出版公司成立於一九七五年，
並於一九九九年股票上櫃公開發行，於二〇〇八年脫離中時集團非屬旺中，
以「尊重智慧與創意的文化事業」為信念。

突破框架，你的內在無限大：挖掘底層自我，從內心探尋人生的答案／張沛超 作. -- 初版. -- 臺北市：時報文化出版企業股份有限公司, 2022.12
面；　公分.

ISBN 978-626-353-204-5（平裝）

1. CST: 自我實現　2. CST: 生活指導　3. CST: 成功法

177.2　　　　111018928

原書名：我的內在無窮大：自我探索的40堂必修課
本作品中文繁體版通過成都天鳶文化傳播有限公司代理，經人民郵電出版社有限公司授予時報文化出版企業股份有限公司獨家出版發行，非經書面同意，不得以任何形式，任意重制轉載。

行政院新聞局局版北市業字第八〇號

ISBN 978-626-353-204-5
Printed in Taiwan